Richard Willfort

HEILENDE STEINE

RICHARD WILLFORT

HEILENDE STEINE

Volksmedizin & Volksglaube

Aus dem Nachlaß
bearbeitet von Ida Pohl-Sennhauser

NP
BUCHVERLAG

Umschlagbild:
Die heilenden Steine Onyx (links oben), Malachit (links unten)
und Antimonglanz.
Collage von Bildern aus dem im Jahre 1903
im Fritz Lehmann Verlag, Stuttgart, erschienenen Werk
Brauns, Das Mineralreich

Deutsche Bibliothek - CIP-Einheitsaufnahme

Willfort, Richard:
Heilende Steine : Volksmedizin & Volksglaube / Richard Willfort.
Aus einem Nachlaß bearb. von Ida Pohl-Sennhauser. - 1. Aufl. -
St. Pölten ; Wien : NP-Buchverl., 1999
ISBN 3-85326-113-2

1. Auflage 1999

Illustrationen
aus Brauns, Das Mineralreich,
Fritz Lehmann Verlag, Stuttgart 1903

Graphische Gestaltung:
Herbert Wiesensarter, Bad Fischau

Gesamtherstellung:
Niederösterreichisches Pressehaus
Druck- und Verlagsgesellschaft mbH
A-3100 St. Pölten, Gutenbergstraße 12

ISBN 3-85326-113-2

EDITORIAL

Richard Willfort widmete sein Leben der Naturheilkunde, der Volksmedizin und dem Volksglauben. Wer über so viele Jahrzehnte mit solchem Eifer den Überlieferungen auf der Spur war, trägt eine beachtliche Fülle von Informationen zusammen. Einen Teil seiner Erkenntnisse hat er in dem Werk „Gesundheit durch Heilkräuter" veröffentlicht. Dieses 1959 erstmals im Rudolf Trauner Verlag erschienene, 750 Seiten umfassende Buch avancierte zu einem Standardwerk und prägte die Renaissance der Heilkräuteranwendung in der zweiten Hälfte des 20. Jahrhunderts wesentlich mit. Weitere Veröffentlichungen waren vorgesehen, denn die Ergebnisse seiner jahrzehntelangen Feldforschungen waren damit lange nicht erschöpft. So beabsichtigte Willfort unter anderem die Herausgabe einer dreibändigen Enzyklopädie mit dem Titel „Die Pflanzen im Mythos, den Religionen, im Volks(aber)glauben und in der Volksheilkunde". Grundstock dafür sind zirka 1 000 doppelseitig handgeschriebene DIN-A-4 Seiten, oder anders formuliert: fast sechs Kilogramm beschriebenes Papier.

Willfort verstarb im Jahre 1978 im Alter von 73 Jahren, ohne diese Vorhaben realisiert zu haben. Sein umfangreicher wissenschaftlicher Nachlaß enthält neben den Pflanzenanwendungen auch Angaben zur Litho- und Zootherapie im Volks(aber)glauben und in der Volksheilkunde.

Das Ehepaar Univ.-Prof. Dr. Gustav und Prof. Dr. Elfrune Wendelberger erkannte den kulturhistorischen Wert dieser Aufzeichnungen und erwarb sie aus dem Nachlaß Willforts, um sicherzustellen, daß uralte Volksweisheit nicht verlorenging. Für ihr Entgegenkommen und ihre Mitarbeit sei beiden herzlich gedankt.

Willforts Aufzeichnungen „Heilende Steine in der Volksmedizin und im Volksglauben" sind sowohl eine interessante Zusammenstellung der traditionellen Lithotherapie als auch ein lebendiges Dokument unserer Kulturgeschichte. So spiegeln sich in den einzelnen Anwendungen das Weltbild der jeweiligen Epochen, der Umgang des Menschen mit der Krankheit – wie auch die Hoffnungen, sie zu heilen.

In konstruktiver Zusammenarbeit mit Herrn Dr. Horst Trimmel vom Buchverlag des Niederösterreichischen Pressehauses ist es gelungen, dieses Buch, illustriert mit sechzehn Bildtafeln aus Brauns' „Das Mineralreich" (1903), herauszugeben. Wie von Willfort vorgegeben, entschied man sich für eine alphabetische Anordnung der Mineralien. Um die Übersicht zu erleichtern, ist den einzelnen Abschnitten eine kurze Beschreibung der jeweiligen Steine vorangestellt.

In seiner Lithotherapie beabsichtigte Willfort nicht die ganzheitliche Darstellung der Mineralien, sondern ihn interessierten die unterschiedlichen Anwendungen der Steine. Dabei bedient er sich sowohl mündlicher als auch schriftlicher Überlieferungen, ohne diese kritisch zu beurteilen. So kommt es vor, daß sich die Anwendungsmöglichkeiten zu einem Stein wiederholen und manchmal auch widersprechen. Leider fehlt mitunter die Angabe zur Herkunft einer Aussage, doch wer Einblick in Willforts Arbeitsweise genommen hat, erkennt seinen seriösen Arbeitsstil und schätzt seine Glaubwürdigkeit. Deshalb werden auch diese nicht belegten Informationen übernommen. Willfort erwähnt in seinem Nachlaß antike und mittelalterliche Autoren, selten aber die unmittelbare Quelle, die ihm vom jeweiligen Autor erzählen. In manchen Fällen lassen sich die Mitteilungen eindeutig zuordnen, oft aber bleibt ihr Ursprung im dunkeln, da im Laufe der Jahrhunderte viele Abschriften, Übersetzungen und Deutungen entstanden sind. Die von Willfort erwähnten Autoren werden in einem gesonderten Kapitel vorgestellt.

Da viele Heilanwendungen auch im Volksglauben verankert sind, ist die Trennung von Volksmedizin und Volksglaube im Text rein struktureller Natur.

Die mineralogische Beschreibung der einzelnen Steine ist sehr knapp gehalten, um den Rahmen des Buches nicht zu sprengen. Die fachspezifischen Begriffe zur Mineralogie werden im Anhang erläutert.

Ida Pohl-Sennhauser

HEILENDE STEINE

Steine sind phantastische und allgegenwärtige Naturgebilde, auf denen, mit denen, in oder von denen wir wie selbstverständlich leben. Diese enge Vernetzung unseres Lebens mit der anorganischen Umwelt entgeht dem Alltagsbewußtsein.

Die Erdkruste ist aus Gesteinen aufgebaut, und diese sind in einem ewigen Kreislauf miteinander verwoben. Die Prozesse, die zur Mineralbildung und deren Umwandlung führen, sind Gegenstand der modernen Mineralogie. Ihre Vertreter sind mit Hilfe raffinierter Verfahren nicht nur in der Lage, die Mineralien zu untersuchen, sondern sie können im Experiment auch die Eigenschaften und Nachbarschaftsbeziehungen feststellen, ja selbst noch unbekannte Mineralien vorausbestimmen.

Das technische Rüstzeug der Neuzeit stand den Menschen früherer Epochen nicht zur Verfügung. Damals wurde die Entstehung der auffälligen „Steine", eben der „Edelsteine", phantasievoll in Mythen gekleidet, und diese bildhafte Sprache ist teilweise bis in unsere Zeit überliefert. So hat man sich beispielsweise die Entstehung und demnach die Wirkung des Amethysts folgendermaßen vorgestellt: Bacchus, der Gott des Weines, verliebte sich eines Tages in Amethyst, eine der Nymphen der Göttin Diana. Um Amethyst vor der Begierde des Weingottes zu beschützen, verwandelte Diana sie in einen reinen Kristall. Bacchus war darüber so traurig, daß er sein Weinglas über dem Stein ausleerte, so daß sich dieser violett färbte. Und dieser Tradition zufolge schützt der Amethyst vor Trunkenheit.

Mit dieser Überlieferung befinden wir uns schon mitten in der „vorwissenschaftlichen" Gedankenwelt des Sympathie- bzw. Antipathieglaubens. Dessen Vorstellungen beruhen auf der Annahme, daß zwischen ähnlichen Erscheinungen, wie Farben, Vorgänge oder Formen, ähnliche Kräfte bestehen, die einander beeinflussen. Demnach können mit dem angewandten Sympathieglauben unerwünschte Ereignisse abgewendet oder bei Krankheit die richtigen Heilmittel und Rituale gefunden werden. Das Eingreifen in diese wechselseitigen Abhängigkeiten ist die Kunst des Verwandelns, der Magie, und ist nach wie vor aktuell. Wer von uns möchte nicht eine unangenehme Lebenssituation verändern können, eben „wegzaubern"? In diesem Sinne fasziniert die Magie immer noch und ist als archetypisches Bedürfnis auch dem modernen Menschen gegenwärtig.

Willfort schafft in seinem Werk „Heilende Steine" einen Brückenschlag zwischen archaischen Denkansätzen und dem Heute. Da jede Erkenntnis auf Vorhergegangenem aufbaut und einen wichtigen Schritt in der Evolution des Bewußtseins darstellt, ist es uns heute durchaus möglich, die Denkmuster der alten Völker zu verstehen oder zumindest zu erahnen. In dieser Welt wurden Steine als lebendige Wesen respektiert. Sie wurden mitunter auch Zaubersteine genannt und mit Gedanken, Wünschen und Kräften, eben mit dem menschlichen Wollen, besetzt. Der Stein wirkte dann als ein Brennpunkt des Bewußtseins, als Verstärker, der mit diesen physikalisch nicht faßbaren Kräften verbunden wurde. Wünsche, wie Heilung von Krankheiten, Kraftzuwachs und Mehrung der Macht, sollten auf diese Weise in Erfüllung gehen. Dieses Denkmodell macht verständlich, daß die Begriffe Volksmedizin und Volksglaube nicht wirklich voneinander getrennt werden können.

In unserer Volksmedizin wurden seit langem bewährte Arzneien aus Mineralien, Pflanzen, tierischen Produkten und Wasser mit der sogenannten magischen oder prälogischen Gedankenwelt verknüpft und dementsprechend angewendet. Diese heute noch bei vielen Völkern verbreiteten Praktiken sind geprägt vom Symbolcharakter, der auch den menschlichen Gefühlen Raum läßt. Selbstverständlich war der Krankheitsbegriff von diesen symbolischen Aspekten nicht zu trennen. Die Erfassung und Benennung von Krankheiten war auch in früheren Epochen wichtig, da namenlose Krankheit nicht greifbar und daher auch nicht behandelbar war. Sobald ihre Ursache jedoch in der menschlichen Vorstellung ihren Platz gefunden hat, konnte ihr mit einer entsprechenden Methodik begegnet werden.

Früher galt die Krankheit als geheimnisvoll, als von außen in die Menschen und ihre Haustiere eindringend. Fremde Mächte, wie Geister, Dämonen und Hexen, wurden für die gesundheitlichen Störungen verantwortlich gemacht. Diese Störenfriede galt es zu bekämpfen. Gewisse Redewendungen erinnern heute noch daran: „Er fühlt sich angegriffen"; „Der Teufel sitzt in ihr"; „Es hat ihn überfallen, es zehrt an ihr, es wirft sie nieder" oder „Er hat einen Hieb, einen Stich, einen Schuß bekommen". Die Urheber von Geisteskrankheiten erkannte man in tiergestaltigen Wahnsinnsdämonen, so daß man sagt: „Er hat Grillen, Motten oder Tauben im Kopf." Noch vertrauter ist der berühmte „Hexenschuß", der uns bei allzu abrupten Körperbewegungen niederstreckt. Auch spricht man in unbewußter Erinnerung an den Krankheitsdämon „Wurm" davon, daß man „jemandem die Würmer aus der Nase ziehen muß". Unklug war es, sich der eigenen Gesundheit zu rühmen, weil dadurch die Geister provoziert wurden. Daran erinnert Schillers Zitat „Mir grauet vor der Götter Neide". Da im Volksglauben die Krankheitsgeister vor allem durch Körperöffnungen eindrangen, mußte man besonders vorsichtig sein. Deshalb war es wichtig, beim Gähnen die Hand vor den Mund zu halten. Heute hat diese Geste nur mehr eine ästhetische Bedeutung.

Am Beispiel der Lithotherapie werden nachfolgend einige Elemente der Volksmedizin und des Volksglaubens dargestellt. Eines davon ist das in verschiedenen Erscheinungsformen auftretende Ritual, das in seiner Herkunftsbedeutung eng mit den Begriffen Recht, Aufrichtigkeit und Ordnung verbunden ist. Die in der Krankheit aus den Fugen geratene natürliche Ordnung sollte damit wiederhergestellt werden.

Ein wesentlicher Aspekt der Steinheilkunde war sicher das Tragen von Amuletten. Dafür wurden bevorzugt Steine verwendet, die durch ihre Seltenheit, Form oder Farbe auffielen, denn im Außergewöhnlichen hat der Mensch schon immer besondere Kräfte erahnt. Amulette hatten meistens Schutzfunktionen und wurden wie unsichtbare Rüstungen am Körper getragen. Der in Stein nachgebildete ägyptische Skarabäus dürfte zu den ältesten gehören. Dieser aus einer Mistkugel „entstehende" Käfer erschien den alten Ägyptern besonders geheimnisvoll. Er legt seine Eier in frischem Dung ab, den er dann zu pillenähnlichen Gebilden dreht. In ihm sahen die Ägypter eine Erscheinungsform ihres Sonnengottes.

Je nach Verwendungsart wurden in Amulette differenzierte Symbole, etwa die Namen von Königen oder religiöse Ornamente, eingraviert. Die primäre Schutzfunktion von Amuletten konnte mit der Anwendung des „Bildzaubers" und des „Wortzaubers" noch verstärkt werden. Im „Blutstillungssegen", einer in unserer Kultur bis heute erinnerlichen Behandlungsmethode, kommt dieser Wortzauber ebenfalls zum Ausdruck. Dafür nahm man, zum Beispiel in Bayern, einen Kieselstein aus dem Bach, trug ihn zum Verletzten und drückte diesem den Stein folgenderweise betend auf die Wunde: „Jetzt nehm' ich den Stein/ und leg ihn auf die Wund', aufs Bein/ und drücke fest auf dein Blut/ auf daß es sofort stehen tut./ Im Namen des Vaters, des Sohnes und des Heiligen Geistes, Amen." Nach dreimaligem Wiederholen dieser Worte wurde der Stein wieder zum Bach getragen und dort genau an seinen Platz zurückgelegt.

Dem Phänomen des Wortzaubers begegnen wir im Volksglauben immer wieder. Er kann in gesprochener oder geschriebener Form in Erscheinung treten, und je nach Intention spricht man von Besprechen, Berufen, Beschreien, Bewispeln, Bannen, Wegbeten oder Segnen. Nicht selten unterliegen die Sprüche gewissen Regeln, wie einer rhythmischen Gliederung oder einer strengen Geheimhaltung. Ein oft eingehaltener Murmelton mag in dieser Absicht liegen. Die Grenzen zwischen Magie und Religion sind dabei durchaus fließend. Dieselbe Handlung, die in einem Fall als magisch gedeutet werden kann, ist in einer anderen Situation Teil eines religiösen Kultes.

Der Blutstillungssegen bedient sich mit dem dreimaligen Wiederholen des Gebetes auch einer immer wiederkehrenden Zahlensymbolik. So haben kulturvergleichende Studien aufgezeigt, daß heilende

Rituale und heilige Handlungen regelmäßig mit bestimmten Zahlen – wie beispielsweise 3, 7, 9, 14, 40, 72, 77 – verknüpft sind.

Als Therapie bei Muskelschwund wurde empfohlen, die erkrankten Glieder bei „wachsendem Mond“ mit einem Kieselstein drei- oder neunmal abzustreifen. Von Bedeutung konnte in diesem Zusammenhang sein, daß der Stein nicht vom Feld, sondern aus dem fließenden Wasser stammte. Das Übertragen von Schmerzen, Krankheit oder Unglück ist ein wichtiger Bestandteil der Volksmedizin und des Volksglaubens. Dabei kann das Leiden an das Wasser, an Steine, Pflanzen oder Tiere abgegeben werden. Eine österreichische Wenderin übertrug Zahnschmerzen auf einen großen Naturstein, den sie schon jahrelang im dunklen Keller hatte. Dreimal streifte sie mit ihren Händen vom Kopf bis zu den Füßen des Geplagten, dazu jedesmal ein Vaterunser murmelnd. Das nächste Beispiel berücksichtigt zusätzlich eine bestimmte Mondphase: „Achat bei zunehmendem Monde drei Tage im Wasser gelegen, macht dieses Wasser heilsam gegen Epilepsie, Mondsucht und Wahnsinn, wenn keine andere Flüssigkeit eingenommen als dieses Wasser und die Speisen nur von diesem Wasser bereitet werden.“ In Schottland wiederum tauchte man – nach Buschan – unter Hersagen eines alten gälischen Zauberspruches den Bergkristall in Wasser ein. Das Mineral teilte dem Wasser seine Heilkraft mit, und diese konnte über das Trinken dem Kranken zugeführt werden. Nach dem altdeutschen Volksglauben wurden Augen mit Wasser gebadet, in dem über Nacht ein Beryll eingelegt war.

Aus Bayern ist überliefert, daß Steine, im Mund getragen, ihre Wirkung entfalten. So heißt es: „Solange ein Bauer Weizen oder Korn sät, soll er einen kleinen Kieselstein im Mund halten.“ Um die eigenen Körperkräfte zu steigern, half es, sich ein Stückchen des Donnerkeils (Belemnit) in die Hand einzuheilen. Bei südamerikanischen Indianern ließ man Epileptikern einen kleinen Feldspat in eine oberflächliche Wunde einheilen.

Steine wurden in gemahlener Form eingenommen (Galaktit), mit Bärenfett vermengt und als Körperschmier angewendet (Adlerstein) oder über Holzkohlenglut geräuchert (Bernstein). Selbst das Tragen von Steinen am Körper wurde auf verschiedene Weise empfohlen. Abhängig von den jeweiligen Beschwerden wurde vorgeschlagen, den Stein als Ring am Finger, als Halskette oder um den Arm, den Oberschenkel oder das Knie gebunden zu tragen. Auch in Leinensäckchen eingebunden wurden die Mineralien am Körper getragen. Vor seiner Verwendung kann der Stein noch am Herdfeuer oder in der Sonne angewärmt oder mit pflanzlichen und tierischen Drogen vermischt verabreicht werden.

Obwohl es sich bei dem oben erwähnten Ritual der Blutstillung um eine archaische Behandlungsform handelt, ist es mit der Schlußformel „Im Namen des Vaters, des Sohnes und des Heiligen Geistes, Amen“ bereits der christlichen Kultur angepaßt, aber eben nur angepaßt. Zwar versuchten die neuen Herrscher, durch Verbote und unter massiver Strafandrohung den „alten Glauben“ auszurotten, doch mußten sie zur Kenntnis nehmen, daß eine radikale Bekämpfung heidnischer Bräuche erfolglos blieb. Demzufolge ließ Papst Gregor I. (um 540–604) dem Abt Melitus, Vorsteher eines englischen Klosters, folgende Nachricht überbringen: „Nach langer Überlegung habe ich erkannt, daß es besser ist, anstatt die heidnischen Heiligtümer zu zerstören, dieselben in christliche Kirchen umzuwandeln … es ist nämlich unmöglich, diese rohen Gemüter mit einem Schlage von ihren Irrtümern zu reinigen. Wer die Spitze eines Berges erreichen will, steigt nicht in Sprüngen, sondern Schritt für Schritt.“ (Nach Caminada, aus H. Haid, Mythos und Kult in den Alpen; S. 67.)

Gesagt, getan! Heute wissen wir, daß es die katholische Kirche überaus geschickt verstanden hat, Heidnisches aufzufangen und der christlichen Kultwelt anzupassen. Heilige Wasser blieben heilige Wasser, und darüber wurden christliche Kirchen gebaut. Aus den heiligen Kultsteinen wurden Altartische von katholischen Wallfahrtskirchen. Fruchtbarkeitskulte an Steinen, Rutschplatten und Durchkriechsteine blieben aktuell. Lokale Sagen und Mythen animierten Frauen mit Kinderwunsch nach wie vor, möglichst mit entblößtem Hinterteil über solche Steine, die in der Schweiz auch „Kindlisteine“ genannt werden, zu rutschen.

„Kultige Steine“ gab und gibt es in allen Größen. Als visuelles Wesen ist der Mensch für auffallende Farben, Formen und Raritäten besonders empfänglich. Die Aufmerksamkeit erregenden „edlen Steine“ haben sich dementsprechend früh in der Lithotherapie etabliert. So hinterließ der Adlige Henrik Ranzau seinen Söhnen folgenden Rat: „Es ist von nicht geringer Bedeutung für die Gesundheit, aus goldenen und silbernen Bechern zu trinken, ebenso ist es nützlich, glühendes Gold oder Silber in Getränken vorher zu löschen. An eueren Händen sollet ihr immer Korallen, Bernstein, Agat haben. Am Ringfinger der linken Hand sollet ihr Goldringe mit Smaragden, Saphiren oder roten Edelsteinen tragen. Im Munde sollet ihr zuweilen einen Amethyst halten, manchmal einen Granat, einen Kristall oder etwas reines Gold oder Silber.“ (Aus Willforts Nachlaß.)

Auch Ludwig XIV., König von Frankreich (1643–1715), vertraute – nach Willfort – der Lithotherapie. Auf Anraten seines Arztes Vallot nahm er 1655 gepulvertes Gold und gepulverte Perlen in Form kleiner Täfelchen ein. 1664 wurden ihm Perlen und Korallen, 1666 ein Heilwasser mit Vitriol, Eisen und Gold verordnet.

Wertvolle Edelsteine waren der herrschenden Klasse vorbehalten, das Volk mußte sich mit den weniger kostbaren Steinen begnügen. So kommt es auch, daß in Willforts Nachlaß, verglichen mit den Edelsteinanwendungen, wesentlich mehr mündliche Informationen zu Kieselsteinen aufscheinen, denn Edelsteine wurden nicht nur ihrer heilenden Wirkung wegen geschätzt, sie unterstrichen auch den Reichtum und die Macht ihrer Besitzer und tun dies immer noch. Mineralogisch gesehen gibt es für Edelsteine keine allgemeingültige Definition, sie werden von der modernen Mineralogie nicht eigens gegliedert, sondern sie sind – wie die übrigen Mineralien – nach chemischen Gesichtspunkten klassifiziert.

Interessant ist eine erhalten gebliebene Preisliste des damals berühmten Frankfurter Drogenhauses Brückner, Lampe & Co aus dem Jahr 1757, in der noch viele Edelsteine als Heilmittel verzeichnet sind. In dieser Preisliste, die sich ebenfalls in Willforts Nachlaß findet, ist unter anderem angegeben:

1 Medizinalpfund	Bergkristall	4 Groschen
1 Medizinalpfund	Smaragd	6 Groschen
1 Medizinalpfund	Granat	8 Groschen
1 Medizinalpfund	Saphir	16 Groschen
1 Medizinalpfund	Rubin	24 Groschen (= 1 Taler)
1 Medizinalpfund	Lapislazuli	5 Taler

Dagegen kosteten Sennesblätter und Chinarinde 40 Groschen, Axungia hominis (Menschenfett) 36–40 Groschen, Crocus 8 Taler, Kamillenblüten 1 Groschen.

Zu den auffälligen Gesteinsformen gehören auch die Fossilien. Der Begriff Fossil wurde erstmals 1546 von dem deutschen Naturforscher Agricola (Georg Bauer, 1494–1555) gebraucht. Er faßte unter dieser Bezeichnung aber auch Mineralien und Artefakte (von Frühmenschen hergestellte Geräte) zusammen. Heute versteht man unter Fossilien die Überreste von vorzeitlichen Tieren und Pflanzen, auch von deren Lebensspuren. Die Scholastiker des Mittelalters, allen voran Albertus Magnus (1193–1280), standen im Banne antiker Vorstellungen und deuteten Fossilien auch als Reste der biblischen Sintflut. Solche Vorstellungen haben sich in Volksglauben und Volksmedizin lange gehalten. In manchen Interpretationen spielt auch der Fluch – zu Stein erstarren – eine wichtige Rolle. Aus den Nördlichen Kalkalpen kennt man die herausgewitterten Schalenquerschnitte großwüchsiger, fossiler Muscheln, die als versteinerte „Kuhtritte“ oder als Spuren der Wilden Jagd gedeutet wurden. Die versteinerten „Ziegenklauen“ findet man um den Plattensee. Es handelt sich dabei um Reste von Brackwassermuscheln, die im Jungtertiär im pannonischen Becken oft massenhaft vorkamen. Die „Wirfelsteine“, versteinerte und herausgewitterte Gehäusequerschnitte von großen Schnecken, aus dem Gosau-Becken wurden von den dort ansässigen Bauern gegen die Drehkrankheit der Schafe verwendet. Bekannter noch sind die Donnerkeile, die Rostren fossiler Tintenfische aus den Jura- und Kreideschichten Süd- und Norddeutschlands. Sie schützten das Haus vor Blitzschlag und verliehen, in die Hand eingeheilt, dem Träger Stärke. Die Sonnenradsteine der Germanen sind Reste von Seelilien, die im Trias lebten. Bedingt durch die Christianisierung der Germanen wurden aus den Sonnenrädern die Bonifaziuspfennige.

Mündliche und schriftliche lithotherapeutische Überlieferungen gehen auf ältere Kulturquellen zurück. Obwohl angenommen werden kann, daß viele darüber berichtende Schriften schon längst verlorengegangen sind, gibt es kulturhistorische Zeugnisse von unschätzbarem Wert. Dazu gehören folgende berühmt gewordenen Schriften: Papyrus von Ebers (1600 v. Chr.); die sogenannten Zauberpapyri (etwa 200 v. Chr.); „Über die Steine" von Theophrast (327–287 v. Chr.); das Buch über die Mineralogie aus der Enzyklopädie von Plinius dem Älteren (23–79), das alexandrinische Steinbuch der Kyraniden, die orphische Dichtung Lithika, die Schriften von Avicenna (980–1037) und die Physica der Hildegard von Bingen (1098–1179). Schon die Autoren der Antike haben ihre Zeitgenossen befragt und deren Informationen niedergeschrieben. Selbstverständlich sind die mittelalterlichen Steinbücher von den antiken Schriften inspiriert worden, aber auch diese Autoren haben dem antiken Wissen das zeitgenössische Volksgut und ihre eigenen Ansichten hinzugefügt. Lapidarien (Steinbücher) enthalten viel von alten Weisheitslehren und von frühen Gottesvorstellungen.

Die Faszination, die Edelsteine immer schon ausübten, kam über das Judentum auf unsere Kultur. Auf den berühmten Handelsstraßen Indiens, von Ceylon, von der arabischen Halbinsel und von der Ostsee wurden die begehrten Steine in den europäischen Raum gebracht. Die Steine schmückten die Pektoralien (Brustschilder) der Hohenpriester mosaischer und nachmosaischer Zeit und später die Kronen der weltlichen Herrscher.

Die Heilkraft von Steinen wird unterschiedlich interpretiert, gewiß aber ist die Lithotherapie ein lebendiges Dokument unserer Kulturgeschichte, an dem viele Generationen von Menschen mitgewirkt haben. Wenn auch die Fragen über den Ursprung und die Verbreitung der Lithotherapie nur unbefriedigend beantwortet werden können, ist heute ein Trend zu „heilenden Steinen" unübersehbar. Die Grenzen der Erkenntnis verlaufen unscharf, und vielleicht werden die akademischen Disziplinen mit ihren analytischen Methoden die überlieferten Lithotherapien kritisch durchleuchten. Heilsysteme sind eben auf der Wanderschaft, und möglicherweise wird es eines Tages gelingen, einige der vielen unbekannten Phänomene zu entschlüsseln.

Es sei darauf hingewiesen, daß der Glaube an die Kraft von Steinen in anderen Kulturen noch immer lebendig ist. So berührten mich die Steinrituale einer Brasilianerin indianischer Herkunft, die gemäß der schamanischen Tradition ihres Stammes als Kind in die heilenden Praktiken eingeweiht wurde. Und wie in alten Zeiten werfen die Ladakher bei Bergüberquerungen auch heute noch einen Stein auf den seit Jahrhunderten anwachsenden Steinhaufen, um damit den in seiner Ruhe gestörten Berggeist zu besänftigen. Im Ladakh erreichen solche Mani-Mauern oft eine Länge von mehreren Kilometern. Der von den Tibetern wegen seiner Spiralform geschätzte Ammonit wird als Amulett getragen und nach schwierigen Übergängen auf der Paßhöhe geopfert. Dieses Verhalten trägt nicht wenig zur Verwirrung westlicher Geologen bei, die dadurch Fossilien in ganz falscher Umgebung zu entdecken meinen.

Ida Pohl-Sennhauser

INHALTSVERZEICHNIS

WILLFORTS EINLEITUNG

Die ersten Aufzeichnungen zur Steinheilkunde in der Volksheilkunde und im Volks(aber)glauben habe ich in Bruck an der Mur in den Jahren 1925/29, während meiner Studienzeit an der Höheren Forstlehranstalt, begonnen. Es ist die Fortsetzung meines seit frühester Jugend vorhandenen Bestrebens, alle mir interessant scheinenden Vorkommnisse in der Natur aufzuzeichnen beziehungsweise Naturgegenstände zu sammeln. Es waren lose Aufzeichnungen von größtenteils aus dem Kreis der Forst-, Jägers- und Bauersleute stammenden Anschauungen auf dem Gebiete der Steinheilkunde. In der Folgezeit studierte ich auch einschlägige Werke und nahm diesbezügliche historische Daten und Hinweise in die Sammlung auf. Eine Erweiterung über den österreichischen Alpenraum hinaus fand bereits in Bruck statt, da ich Gelegenheit hatte, mit gleichgesinnten, damals schon weitgereisten Menschen hierüber zu sprechen. Sie hatten auf ihren Reisen auch derlei Beobachtungen gemacht.

Wie alle naturgeschichtlichen Aufzeichnungen erfuhr auch diese Sammlung während des Zweiten Weltkrieges eine besondere Ausweitung. Damals bei der Wehrmacht dienend, lernte ich Menschen aus allen Gauen des Reiches kennen. Diese, aber auch Kriegsgefangene berichteten mir viel Wissenswertes auf diesem Gebiete. So konnte ich unter anderem vieles durch den russischen Stabsarzt Dr. St. erfahren, der als naturverbundener Arzt mir interessante Anwendungen aus der osteuropäischen Volksheilkunde nannte.

1950 habe ich begonnen, diese Aufzeichnungen zu ordnen. So entstand neben der „Enzyklopädie über die Heilpflanzen“ diese systematische Sammlung über die reine Lithotherapie in der Volksheilkunde und im Volks(aber)glauben, die in diesem Sinne weiterhin fortgesetzt werden soll, um sie einmal später in einem Werk zu verarbeiten.

Die Rezepte werden nach Steinen beziehungsweise Mineralien geordnet, diese wieder alphabetisch gegliedert, wobei Aufzeichnungen über therapeutische Erden auch zu dem Begriffe „Lithotherapie“ gezählt werden sollen. Außerdem wird diese Sammlung mit einer Sammlung aller jener Mineralien, Steine und Erden belegt, die hier genannt werden. Als Grundstock hiefür dient jene Mineraliensammlung, die ich als Junge von meinem Vater erhielt und die auch einen Ausgangspunkt bildete, daß ich mich zu den Naturwissenschaften so hingezogen fühle und mich zeitlebens dieser schönsten aller Wissenschaften widmete. Ich will mit dieser Sammlung und dem später zu schreibenden Werk auch verhindern, daß uralte und zumeist wertvolle Volksweisheit und Volksheilkunde verlorengehen.

Die Verwendung von Steinen als Heilmittel finden wir in der Volksmedizin aller Völker der Erde, von ihren frühesten Tagen an bis in die jüngste Gegenwart. Interessant ist, daß in einigen Fällen, meist um einen besonderen Heilerfolg zu erzielen, die Heilkraft der Steine mit der Heilkraft von Pflanzen gekoppelt wird, indem Steine und Pflanzen gleichzeitig angewendet werden – oder Pflanzen verwendet werden, die nur von besonderen gesteinshältigen Standorten stammen.

Mögen weiterhin noch viele uns heute unverständlich erscheinende Anschauungen und Praktiken sich als richtig herausstellen, wir wollen dann ersehen, welch tiefes Naturerkennen unsere Altvorderen bereits hatten. Unendlich wunderbar ist die Natur, sie ist unsere höchste Lehrmeisterin, und um mit Paracelsus zu sprechen: „Es ist ein groß Anzeigen, daß noch viel mehr in der Natur ist denn das allein, was wir wissen.“

Salzburg, den 24. September 1958

ACHAT

Der Achat wird der Quarzgruppe zugeordnet. Er ist ein feinfaseriges Quarzaggregat mit radialstrahliger und konzentrisch-schaliger Struktur aus der Gruppe der Chalcedone. Die Farben der meisten Achate sind von Natur aus blaß; um die bekannten, kräftigen Tönungen entstehen zu lassen, wird der Stein künstlich eingefärbt. Wegen ihrer beträchtlichen Zähigkeit können manche Achate zu Mörsern und Mühlen verarbeitet werden.

Achate entstehen durch das Auskristallisieren von Kieselsäure an den Außenwänden abgekapselter Hohlräume (Drusen). Sie sind als Knollen in geologisch älteren, kieselsäurearmen Ergußgesteinen und sekundär in Tonen und Seifen zu finden. Mohshärte: 6,5–7.

NAME

Das Mineral war bereits im Altertum geschätzt. Nach Theophrast wird der Stein nach dem Fluß Achates, dem heutigen Dirillo im Süden Siziliens, benannt. Sein alter deutscher Name lautet „Agestein“, in den Alpen wird er auch „Augenstein“ genannt.

ANWENDUNG

Plinius unterscheidet drei Unterarten des Achats. Der aus Kreta stammende Korallenachat, auch Heiliger Achat genannt, diente als Heilmittel gegen Skorpionstiche und den Biß giftiger Spinnen. Zu diesem Zweck wurde er zerrieben und entweder direkt auf die Wunde gestreut oder mit Wein getrunken. Auch der Löwenfarbige Achat war ein Mittel zur Behandlung von Skorpionstichen. Den Grünen Achat oder Moosachat wandte man hingegen bei Augenleiden an.

Hildegard von Bingen schreibt dem Achat die Kraft zu, das Gift der Spinnen und der giftigen Würmer zu vernichten, solange dieses nicht in den Körper eingedrungen sei. Dabei müssen bestimmte Handlungsabläufe eingehalten werden, wie das Erwärmen des Achats an der Sonne oder über heißen Ziegeln. So auf die schmerzende Körperstelle aufgelegt, soll er das Gift ableiten.

„Achat bei zunehmendem Monde 3 Tage im Wasser gelegen, macht dieses Wasser heilsam gegen Epilepsie, Mondsucht und Wahnsinn, wenn keine andere Flüssigkeit eingenommen als dieses Wasser und die Speisen nur von diesem Wasser bereitet werden.“ (Konrad von Megenberg)

Der Achat wird in Schwaben gegen Zahnweh getragen.

In Italien, wo dieser Stein seit jeher als hochgeschätztes Zauber- und Heilmittel galt, wird der rote Achat noch heute von Frauen und Mädchen zur Regulierung ihrer Menstruation getragen.

Geriebener Achat, mit Wein vermengt, galt als ein die Menstruation regulierendes Mittel.

VOLKSGLAUBE

In der Antike schützte man sich mit dem Achat-Amulett gegen den Angriff von Skorpionen, Schlangen und Spinnen. Ein Stückchen vom Stein unter die Zunge gelegt, galt als durstlöschend.

In Persien räucherte man mit dem Staub des Löwenfarbigen Achats gegen Stürme und Blitze. (Nach Plinius)

Der Achat ruft Traumbilder hervor. (Nach Albertus Magnus)

Früher galt den Angelsachsen der Achat als ein Schutzstein gegen Blitz, Zauber und böse Geister.

Der Achat fördert, am Halse getragen, die guten Beziehungen unter den Menschen und macht Mann und Frau fruchtbar. (Altdeutscher Volksglaube)

Der Achat ist der Monatsstein für im Juni Geborene, bringt diesen Gesundheit und Förderung bei „hohen Herren". (Altdeutscher Volksglaube)

ABBILDUNG

Siehe Tafelteil, Seite 96 und 97.

ADLERSTEIN, KLAPPERSTEIN, AETITSTEIN

Der Adlerstein oder Aetitstein ist eine im wissenschaftlichen Sprachgebrauch nicht mehr verwendete Bezeichnung für knollige bis faustgroße Bildungen von Goethit oder Lepidokrokit (beides eisenhaltige Mineralien) mit tonigem Kern, der sich beim Schütteln solcher Adlersteine zuweilen akustisch bemerkbar macht, eben als Klapperstein.

VOLKSGLAUBE

Dieser magische Stein hat sich im Volksglauben als glückbringendes Amulett etabliert. Er symbolisiert die Fruchtbarkeit, insbesondere die Situation einer werdenden Mutter. Der Glaube an seine magische Heilkraft hat eine lange Tradition und läßt sich von der Gegenwart bis zu mesopotamischen Quellen zurückverfolgen. So berichten bereits Keilschrifttexte, daß die Frauen der Babylonier und Assyrer einen „Stein des Gebärens" trugen. Später weisen Texte griechischer und römischer Autoren auf diese Eigenschaften der Adlersteine hin.

Aristoteles nennt den Adlerstein „Aetites", da man dessen geburtserleichternde Kraft von den Geiern beobachtet haben wollte. Der Überlieferung nach schiebt das Vogelmännchen diesen Stein dem Weibchen unter, damit es schmerzlos seine Eier lege.

Dioskurides wiederum erklärt seine Wirkung damit, daß das Auflegen des Steines den Embryo in der Gebärmutter festhalte, wodurch eine Fehlgeburt verhindert werde. Später, zum gegebenen Zeitpunkt, muß der Stein vom Arm der werdenden Mutter entfernt und um ihre Hüfte gebunden werden, damit die Geburt unbehindert und möglichst schmerzfrei vor sich gehen konnte.

Der Überlieferung nach waren es die Araber, die das Wissen um die Wirkung der Adlersteine nach Spanien gebracht haben, wo ihn die Schwangeren über das Knie gebunden trugen.

„Stein der Geburt" werden derartige Steingebilde in Persien genannt.

„Pietra gravida" wurde der Stein in Italien genannt und der Niederkommenden zur Geburtserleichterung um den linken Oberschenkel gebunden. Als „orlow kaenj" (Adlerstein) bekamen ihn die russischen Frauen über das Knie gebunden.

Mit dem pulverisierten, mit Bärenfett vermengten Stein wurde der ganze Körper bei Epilepsie eingeschmiert.

In Deutschland wurde der Adlerstein vom Mittelalter bis ins 20. Jahrhundert angewendet. So befand er sich, mit Spuren von Abschabungen, noch vor wenigen Jahren im Besitz eines „Bauerndoktors". (Nach Buschan, 1941)

SONSTIGES

Griechische Sagen, aber auch Sagen, die an der Ostsee (auf der Insel Rügen) bekannt sind, erzählen davon, daß der Adlerstein ein berühmtes Heilmittel sei.

ALABASTER

Alabaster ist ein dichter, feinkörniger, weißer, manchmal marmorierter und durchscheinender Gips. Seine leichte Bearbeitbarkeit wird von Bildhauern besonders geschätzt. Benannt wird er nach der ägyptischen Stadt Alabastron, in deren Nähe das Mineral häufig vorkam. Mohshärte: 1,5–2.

ANWENDUNG

Feingeriebener Alabaster, in Wasser eingerührt, wurde den Kindern gegen Fraisen verordnet. (Böhmerwald)

Bereits im Altertum wurden Salben aus Alabaster-Pulver gegen Kopfschmerzen, heftiges Fieber und Schlaflosigkeit hergestellt. (Nach Plinius)

„Pyxides unguentariae“ waren die von den Apothekern seit alters verwendeten, aus Alabaster hergestellten Gefäße, in denen die Salben besonders lange haltbar waren.

„Dieser Stein verleiht den Sieg bei einem Streit und erhält die Freundschaft unter den Menschen. Er ist weiß und von sehr kalter Art; dient zur Salbenaufbewahrung.“ (Konrad von Megenberg)

ALAUNSTEIN

Der Alaunstein zählt als wasserhaltiges Kalium-Tonerde-Silikat zu den Aluminiumerzen. In seiner seltenen Form als trigonaler Kristall besitzt er einen Glasglanz, einen weißen Strich, eine geringe Härte von 3,5–4 und eine deutliche Spaltbarkeit. Viel häufiger jedoch ist sein Vorkommen in weißlichen, feinstkörnigen, erdigen oder faserigen Massen. Das ursprünglich vulkanische Material dürfte durch postvulkanische Prozesse zur heute vorkommenden Form umgewandelt worden sein.

ANWENDUNG

Bis heute werden die Kristalle als Adstringens zur Blutstillung bei kleineren Rasierverletzungen verwendet.

Mit diesem Stein werden kranke Hautstellen regelmäßig bestrichen. Warzen, aber auch andere Hauterkrankungen heilen dadurch ab. (Altes Volksheilmittel)

Der Alaunstein gilt nicht nur als blutstillend, er wird auch gerne als Amulett gegen die Gesichtsrose und gegen Ekzeme getragen. (Altes Volksheilmittel)

AMETHYST

Der aus Siliciumdioxid bestehende Amethyst ist einer der bedeutendsten Edelsteine aus der Quarzgruppe. Seine durchsichtige bis durchscheinende, violette bis purpurrote Farbe macht ihn unverkennbar. Eisen, Mangan und Titan sind die wichtigsten farbgebenden Substanzen. Amethyst hat einen muscheligen Bruch und eine Mohshärte von 7.

NAME

Das Wort ist aus dem hebräischen Begriff „achlamah“ abgeleitet. Das griechische „amethystos“ bedeutet „dem Rausche widerstehend“, da der Edelstein im Denken der damaligen Zeit der Trunkenheit vorbeugte. Nach seiner Sanskritbezeichnung „cakunada“ ist er dem Besitzer ein Glücksbringer.

ANWENDUNG

Der Amethyst verhindert beim Träger die Trunkenheit.

Arnoldus Saxo, der im 13. Jahrhundert ein in lateinischer Sprache verfaßtes Steinbuch geschrieben hat, rühmt den Amethyst ebenfalls gegen Trunkenheit; auch mache der Stein wachsam und vertreibe schlechte Gedanken.

Nach arabischer Überlieferung bleibt derjenige, der aus einem Amethystgefäß alkoholische Getränke zu sich nimmt, nüchtern. Dabei soll die Größe des Gefäßes und die Menge der Flüssigkeit keine Rolle spielen.

„Flecken im Gesicht verschwinden, wenn sie mit einem Stein bestrichen werden, der zuvor mit Speichel befeuchtet wurde. Hält man den Stein über warmes Wasser und läßt seinen ‚Schweiß‘ ins Wasser träufeln, so gibt dies ein vorzügliches Waschwasser zur Hautverschönerung. Amethyst vertreibt auch Geschwülste. Wo der Amethyst sich befindet, fliehen die Schlangen.“ (Hildegard von Bingen)

VOLKSGLAUBE

Wer den Amethyst bei sich trägt, ist vor Gicht geschützt.

Den Stein unter das Kissen gelegt, bewahrt den Schlafenden vor bösen Träumen.

SONSTIGES

Hieronymus erzählt im Kommentar zu Jesaja, daß der Adler einen Amethyst in sein Nest lege, um die Jungen vor giftigen Schlangen zu schützen.

Dieser violette Quarz war einer der zwölf in Gold gefaßten Edelsteine im Brustschild der jüdischen Hohenpriester.

ABBILDUNG

Siehe Tafelteil, Seite 98 und 99.

AMMONIT

Ammoniten sind urzeitlich vorkommende Weichtiere und daher nur mehr als Versteinerungen erhalten. Diese zu Stein gewordenen Kopffüßler mit ihren meist spiralenförmig verlaufenden Kalkschalen lebten in bestimmten geologischen Zeitaltern und sind daher als Leitfossilien bedeutungsvolle Hilfsmittel im Erkennen und Ordnen der sedimentären Schichtfolgen, die sich im Laufe der Erdgeschichte gebildet haben. Die Ammoniten waren wohl die auffälligsten und verbreitetsten Tiere der mesozoischen Meere, die vor 200 Millionen Jahren das Bild unserer Erde prägten. Da die Weichteile dieser Lebewesen schnell verwesten, blieben als Fossilien hauptsächlich Hartteile zurück. Doch auch diese ergeben nur dann Versteinerungen, wenn sie in Sedimente eingebettet werden. Fossilien von Ammoniten findet man in allen Teilen der Welt. Man begegnet ihnen auch in Steinblöcken alter Bauwerke, beispielsweise in den Fußbodenplatten von Kirchen.

VOLKSNAME

Der Volksname wird von den Ammonshörnern abgeleitet. Die Ägypter sahen in den Versteinerungen die Kopftracht ihres widderhörnig dargestellten Gottes Jupiter-Ammon.

VOLKSGLAUBE

„Das Ammonshorn gehört zu den heiligsten Edelsteinen Äthiopiens, ist goldfarben und zeigt die Gestalt eines Widderhorns; man versichert, es bewirke wahrsagende Träume." (Plinius)

Die Ammoniten galten bei den arischen Urvölkern ähnlich wie das bekannte Hakenkreuz (Swastika) als eine Art Abbild des Sonnenrades, als Symbol der Sonnengottheit. Daher wurden diese Fossilien an manchen Orten Sonnensteine genannt und dienten als wertvoller Schutz gegen alle möglichen Krankheiten. Befindet sich im Zentrum der Spirale ein Loch, so wird der Ammonit zum Symbol des weiblichen Prinzips und wurde so seit Urzeiten in Indien als „Salagrâma-Stein" verehrt. (Nach Fühner)

ANTIMON, ANTIMONGLANZ

Antimon ist ein Element von bläulichweißer Farbe und hat vorwiegend metallischen Charakter. Sein Strich ist bleigrau und schwach metallisch schimmernd, seine Ritzhärte mit drei in der zehnteiligen Mohsskala eingeordnet. Wegen seines lebhaften Glanzes wird es auch Antimonglanz genannt. Es ist von einem blättrig-grobkristallinen Gefüge, nicht hart, dafür umso spröder, so daß es sich leicht zu Pulver verarbeiten läßt. Nur in kleineren Mengen kommt es gediegen vor. Gewöhnlich handelt es sich dabei um kleine Einschlüsse, um Körner, die mit freiem Auge nicht zu erkennen sind. Das bedeutendste Antimonerz ist der Antimonit, ein Antimonsulfid.

ANWENDUNG

Antimon war schon im Altertum bekannt und wird im Papyrus Ebers als Mestem erwähnt.

Das natürlich vorkommende Antimonsulfid benutzten die Frauen im alten Ägypten zum Färben ihrer Augenlider.

Dioskurides und Plinius berichten, daß der aus Arabien bezogene Stein pulverisiert und in dekorativ geformten Augenfläschchen aus Porzellan aufbewahrt wurde. Mit Messingstäbchen streuten die Damen das Pulver in den Bindehautsack.

Pulverisiert und mit tierischem Fett zu einer Salbe vermengt, wurde Antimon im Altertum zur Wundheilung und gegen Geschwüre aufgetragen. Stibitum Antimonium (Spießglanz, Antimonglanz) ist die dunkle Schwefelverbindung des Antimons, die äußerlich gegen Fisteln, Hautkrebs, Blutungen und Augentriefen angewendet wurde.

Aus Antimon hergestellte Becher dienten den Klöstern im 17. und 18. Jahrhundert zu dem löblichen Zwecke, Mönchen, die dem Wein zu sehr huldigten, den Geschmack zu verleiden und bei diesen dadurch den Unwillen gegen jedes alkoholische Getränk hervorzurufen.

ABBILDUNG

Siehe Tafelteil, Seite 100 und 101.

BELEMNIT, DONNERKEIL

Belemniten, im Volksmund auch Donnerkeile genannt, sind versteinerte Skelettreste von fossilen, tintenfischähnlichen Kopffüßlern, die im Erdmittelalter (Mesozoikum) lebten. Von diesen Tieren ist das gestreckte, kalkige Innenskelett, das in einem geschlossenen Schalensack steckte, nur selten vollständig erhalten geblieben. Meist fand man nur das kegelförmig zugespitzte, kalkige Skelettelement (Rostrum). Belemniten waren marine Räuber, die sich in horizontaler Schwimmlage vorwärts und rückwärts bewegen konnten und wahrscheinlich in Schwärmen lebten. Skelettelemente von bis zu einem Meter Länge lassen auf Gesamtkörpergrößen von drei bis fünf Metern schließen. Diese Rostren gehören in manchen Ablagerungen zu häufigen Versteinerungen („Belemnitenschlachtfelder") und sind teilweise gesteinsbildend.

VOLKSNAME

Der wissenschaftliche Name Belemnit stammt aus dem Griechischen und bedeutet „das Geschleuderte, der Blitz". Die auffällige Gestalt dieses „Steines" nährte phantasievolle Spekulationen. So wurde vermutet und dementsprechend mythologisch interpretiert, daß diese keilförmigen Stücke mit Blitz und Donner vom Himmel herabgeschleudert wurden. Ein vielbeachteter „Stein" rühmt sich endloser Namen, und so spricht der Volksmund auch vom Donnerkeil oder von der Donneraxt, vom Teufels- oder Hexenfinger, vom Kröten-, Alp-, Luchs- oder Rappenstein. Auch Storchenstein wird er genannt, weil der Storch angeblich einen solchen zumeist mit einer Kralle festhält, um wachsam zu bleiben.

VOLKSGLAUBE

In der nordischen Mythologie sind Belemniten die Geschosse des Donnergottes Donar oder Thor. Er treibt diese Geschosse mit enormer Kraft durch die Wolken auf die Erde und erzeugt so den Blitz. Bei der Wucht des Wurfes sollen sich die Donnerkeile sieben Klafter tief im Erdboden vergraben. Dabei dringen sie jedes Jahr um einen Klafter höher, bis sie nach sieben Jahren die Erdoberfläche erreichen. Bevorzugt traf der Blitz die alten angeschütteten, mit Eichen bepflanzten Heidengräber. Dort sind auch die mythologischen Fundstellen der alten Steinwaffen oder Donnerkeile.

Nach uraltem Volksglauben hat jedes Haus, in dem ein Belemnit aufbewahrt wird, sicheren Schutz vor dem zündenden Blitz. Sobald ein Gewitter naht, fängt der Stein zu schmelzen an.

Wer einen Belemniten findet, dem bringt er Glück.

Plinius zählt den Ceraunius (Belemnit), „der das Funkeln der Sterne an sich zieht", zu den Edelsteinen. Man finde ihn an Orten, wo der Blitz einschlug. Deshalb wird er von den Magiern gesucht.

Aus dem Steinbuch des Daimigeron erfährt man die Herkunft des Donnerkeils. Dieser entstehe durch das Aneinanderreiben der Wolken. Gleichzeitig berichtet er, daß der Stein, von einem völlig keuschen Besitzer getragen, diesen vor Blitzgefahr bewahre und ihm auch angenehme Träume gewähre.

Um große Körperstärke zu bekommen, ließ man sich ein Stückchen eines Donnerkeiles in die Hand einheilen.

VOLKSMEDIZIN

Als Steine des feurig-roten Donar gewährten die Donnerkeile auch Schutz bei feurigen, hitzigen Krankheiten, beispielsweise gegen die Rose (Gürtelrose), gegen Entzündungen der Brüste und gegen Entzündungen der Euter von Kühen.

Nach Buschan wird der Donnerkeil erstmals bei Anselmus Boetius de Boot, dem Leibarzt Kaiser Rudolfs II., erwähnt. Aber auch heute noch (1941) wird der Stein bei Kopf- und Halsschmerzen, bei Kropf, Furunkeln, Überbeinen, eingewachsenen Nägeln und Gelbsucht angewendet. Man bestreicht mit ihm die schmerzenden oder entzündeten Körperstellen oder erhitzt ihn in Wasser und gibt dieses dem Kranken zu trinken. Auch wird die Versteinerung pulverisiert und dem Trinkwasser beigegeben.

BERGKRISTALL

Der weltweit vorkommende Bergkristall ist eine farblos klare bis milchweiße Varietät von Quarz und besteht chemisch gesehen aus Kieselsäure. Die ästhetischen Formen, aber auch der farblose und klar durchsichtige Körper machen den Bergkristall für die Menschen so reizvoll. Je nach Entstehung können seine Kristallformen unterschiedlich ausgebildet sein.

Dem Ursprung des Wortes nachempfunden, ist der Begriff Kristallisation mit dem der Eisbildung übereinstimmend, denn „krystallos" ist der griechische Name des Eises und wurde im Altertum von griechischen Reisenden auf die Bergkristalle der Alpen übertragen, da man glaubte, daß es sich dabei um eine durch die schreckliche Kälte im Hochgebirge endgültig verfestigte, also nicht mehr auftaubare Form des Eises handle. Erst später ist der erweiterte Definitionsbegriff Kristall auf alle ebenflächig begrenzten anorganischen Naturkörper übertragen worden.

An die großen kristallklaren, spitz zulaufenden Bergkristalle mit ihrer Ritzhärte 7 und dem muscheligen Bruch erinnert auch unsere bildhafte Redeweise von der „kristallklaren Sicht der Dinge".

VOLKSMEDIZIN

Nach Plinius diente dieser Stein im alten Rom zum „Brennen am Körper". Nimmt man den Stein aus dem Feuer, so fühlt er sich kalt an. Bei Nierenkrankheit um die Lenden getragen, bringt er Heilung.

Bergkristall, zerrieben und mit Honig vermengt, vermehre der säugenden Mutter die Milch. (Nach Arnoldus Saxo, Thomas Cantimpratensis, Konrad von Megenberg)

Dieser Stein ist gut „zu den Augen", aber auch bei Kropf, bei Herz-, Magen- und Leibschmerzen. Er soll vor dem regelmäßigen Auflegen auf die bestimmten Körperpartien von der Sonne aufgewärmt werden. (Nach Hildegard von Bingen)

Als Abwehrmittel tauchte man in Schottland unter Hersagen eines alten gälischen Zauberspruchs diesen „so schönen Stein der Macht" in Wasser ein. Der Bergkristall teilte dem Wasser seine Heilkraft mit, und diese wiederum übertrug sich nach dem Trinken auf den Kranken. Von solchen Therapien sind die verschiedensten Heilerfolge überliefert. (Nach Buschan)

VOLKSGLAUBE

Der Bergkristall ist einer der heiligsten Steine. Als wirksames Abwehrmittel gegen Krankheiten und Unglück ist er ein integrierender Bestandteil der menschlichen Kulturgeschichte.

„Wer den Stein am Finger trägt, dem der Frost und Kält' kein Schaden macht." (Aus Volmars Steinbuch)

Bei den Indern ist der Bergkristall besonders geschätzt: „Rosenkränze" aus Bergkristall verleihen dem Gebet größeren Erfolg. Er ist süß an Geschmack, kalt, beseitigt die durch die Galle erregte Hitze und stillt Blutungen.

Bei schrecklichen Träumen ist der umgehängte Stein von Nutzen. (Nach Ibn al-Beithar)

„Dieser Stein ist nichts anderes als ein zusammengeronnenes Eis; solche Zusammenziehung aber geschieht nicht nur mit Hülff der blosen Kälte, sondern durch Vermittlung der innerlich verborgenen Hitze.“ (Johann Kunkel)

SONSTIGES

Der Bergkristall wurde in vorgeschichtlichen Gräbern und Siedlungen nachgewiesen. Wir begegnen ihm auch in den späteren Gräbern der Eisenzeit, hier als Kugeln, die in schmalen Bändern aus Bronze, Silber oder Gold eingefaßt sind. (Nach Buschan)

ABBILDUNG

Siehe Tafelteil, Seite 102 und 103.

BERNSTEIN

Bernstein ist der Sammelname für bestimmte fossile Harze tertiärer Nadelbäume, besonders der Bernsteinkiefer (Pinus succinifera). Das aus den Bäumen ausgeflossene Harz reicherte sich im Boden an, senkte sich mit diesem unter den Wasserspiegel, wurde zerwaschen, fortgeschwemmt und später besonders in der „Blauen Erde“ wieder abgelagert. Über das Aussehen der Arten von Flora und Fauna der Entstehungszeit des Bernsteins erfahren wir durch die zahlreichen Einschlüsse. Bei völligem Luftabschluß blieben durch die Verfestigung des Harzes gelegentlich organische Reste, hauptsächlich Gliedertiere in Tausenden von Arten, Reste anderer Tierarten und Pflanzenteile erhalten. Allerdings können Hohlformen in porös gewordenem Bernstein solche Erhaltungen auch vortäuschen.

Die rundlichen Körner oder plattenförmigen Stücke des Bernsteins sind vorwiegend gelblichweiß, honiggelb oder braunrot. Diese beliebten „Edelsteine“ sind fettglänzend, haben einen muscheligen Bruch und eine Härte von 2–3. Hauptfundstätten sind die Ostseeküste und die Dominikanische Republik.

MYTHOLOGIE

Ovid überliefert uns folgende mythologische Entstehung des Bernsteins: Die Heliaden beweinten ihren durch Zeus' Blitzstrahl in den Fluß Eridamis geschleuderten Bruder Phaeton und wurden deshalb von dem erzürnten Gotte in Schwarzpappeln, ihre Tränen aber in Bernstein verwandelt.

GESCHICHTE

Vom Neolithikum bis in die Gegenwart ist der Bernstein als Zauber-, Medizinal- und Schmuckstein bekannt.

Den „goldenen“ oder „safranfarbenen“ Bernstein brachten schon in ältesten Zeiten die Karawanen von der Ostseeküste. Dieser Bernstein wurde bei den Ausgrabungen im babylonischen Nippur in Schichten vorchristlicher Epochen gefunden. Wie Homer in seinen Dichtungen gerne bei der Schilderung kostbarer Gegenstände verweilt, viel vom Glanze des Kupfers, des Silbers und des Goldes zu berichten weiß, so erzählt er auch vom Bernstein. Als köstlichen Schmuck schenkt Eurymachos der Penelope ein Halsband aus Bernstein, gleich der Sonne erstrahlend. Interessant erscheint, daß man zu Homers Zeiten zwar Bernstein des Nordens kannte, jedoch noch nicht die Pracht der Edelsteine Indiens.

Herodot berichtet, daß, obwohl Bernstein auch in Sizilien gefunden und durch phönizische Händler nach Griechenland gebracht wurde, die schönsten Stücke aus dem Flusse Eridanos, welcher nordwärts ins Meer fließt, stammen.

Unter Ostsee-Bernstein ist nicht nur der Fundort im unmittelbaren Gebiet der Ostseeküste gemeint. Man findet den vollkommen gleichartigen Bernstein der Ostsee auch bis an die russische Küste des Schwarzen und des Kaspischen Meeres. Im Gegensatz zum Ostsee-Bernstein enthalten der sizilianische Bernstein und andere Sorten keine Bernsteinsäure.

ANWENDUNG

„Noch heute tragen die Bauernweiber jenseits des Padus den Bernstein in Schnüren um den Hals; allerdings zunächst als Schmuck, aber auch als Medikament, denn er ist gegen geschwollene Mandeln und andere Fehler des Halses gut; Kindern umgebunden, nützt er als Amulett.“ (Plinius)

ANWENDUNG

Dioskurides beschreibt den Bernstein in Anlehnung an seine mythologische Entstehung zugleich mit der Schwarzpappel und vermutet, daß Bernstein das Harz sei, das aus den Schwarzpappeln an den Ufern des Eridanos ausfließe. Beim Zerreiben rieche er angenehm, und sein Pulver heile „Flüsse vom Magen und Darm".

Callistratus empfiehlt den Bernstein gegen Verrücktheit für Personen jeden Alters sowie eingenommen oder umgebunden gegen „Harnbeschwerden". Er kennt auch eine Sorte von Bernstein unter dem Namen Goldbernstein, der die Farbe des Goldes habe, in der Früh am schönsten sei und sich in der Nähe des Feuers rasch entzünde. Derselbe am Hals getragen, heile das Fieber. Mit Honig und Rosenöl abgerieben, heilte der Goldbernstein „Ohrenübel" und „trübe Augen". Gegen Magenbeschwerden nahm man Bernsteinpulver entweder für sich oder mit Mastix in Wasser ein.

Die Autoren Juvenal und Martial berichten, daß die Römer an heißen Sommertagen Bernsteinkugeln zur Kühlung in den Händen hielten.

„Electrum, der auch succinum oder lyncurium genannt wird, heilt Dysenterie und hilft Magenkranken." (Aetius)

Gegen Urinbeschwerden, Fieber, Magenflüsse (Durchfall). Auch verleiht der Stein dem Träger einen scharfen Blick. (Nach Psellus)

In der arabischen Literatur schrieb Ibn al-Beithar (13. Jh.) in seinem umfangreichen Werk „Über die Kräfte der einfachen Arzneimittel" auch über den Bernstein. Der persische Name für Bernstein ist Kaharba, das bedeutet „der Strohräuber", weil er – gerieben – Stroh anzieht. Er ist kalt und trocken. Mit kaltem Wasser getrunken, heilt er alle Blutflüsse, sei es aus einer Brustwunde, sei es aus der Nase oder der Gebärmutter oder von Hämorrhoiden. Er stärkt und erfreut das Herz, beseitigt Herzklopfen, unterstützt die Herzbewegung und hilft gegen Gallenbeschwerden. Außer Magenschmerzen heilt er auch Diarrhöen, stillt – mit Rosenwasser getrunken – das Erbrechen und beseitigt den Harnzwang. Als Pulver eingenommen, fördert er die Heilung von Quetschungen und Knochenbrüchen. Gepulvert streue man ihn auf Brandwunden. Um den Hals gebunden, beseitigt er die „heißen Geschwülste", heilt Gelbsucht und bewahrt Schwangere vor dem Abortus.

„Der Bernstein hat die Art, daß er die Stirn- und Augenschmerzen sänftiget und auch der Fieber Hitz nimmt, wenn man ihn auflegt oder ihn in der Hand trägt. Wenn man ihn zu Pulver stößet, so ist er gut gegen die Schäbigkeit [möglicherweise ist damit die Milbenerkrankung Krätze gemeint; Anm. der Bearbeiterin] und für die Schwären. Er ist gut den zerschundenen Gliedern und gut wider die Entzündungen, die unter des Menschen Haut aufschwellen." (Konrad von Megenberg)

Auf Holzkohlenbecken erzeugte Dämpfe von Bernsteinpulver werden in der süddeutschen Volksheilkunde gegen Ischias, „Hexenschuß" und sonstige rheumatische Leiden empfohlen.

Bernstein in Form von Ketten um den Hals getragen, hat in der Schweiz, besonders im Kanton Bern, als Kropfmittel ein hohes Ansehen.

Gepulverter, goldgelber Bernstein in Olivenöl oder auch „Baumöl“ angesetzt (Bernsteinöl), ist ein vorzügliches Einreibungsmittel bei Neuralgien, Rheuma und „Hexenschuß“. Das Bernsteinöl wird auch gegen Zahnschmerzen tropfenweise auf den hohlen Zahn gebracht. Innerlich eingenommen, wirkt es gegen Keuchhusten und Epilepsie. (Altdeutsche Volksheilkunde)

ANWENDUNG

Bernstein in einem Leinensäckchen direkt auf dem Rücken getragen, gilt in vielen Gegenden Deutschlands und Österreichs als ein Mittel zur Vorbeugung von Gicht, Ischias und „Hexenschuß“.

Bei Gelbsucht binde man dem Kranken den an einer seidenen, gelben Schnur befestigten Bernstein so um den Hals, daß der Stein am Körper dort zu hängen kommt, wo sich die Galle befindet. (Ostseeländer)

In Rußland legte man einen Bernstein über Nacht in Branntwein und gab letzteres den Kranken zu trinken.

Gegen Ohrenfluß werden Armbänder aus Bernstein empfohlen, die an jener Hand zu tragen sind, an deren Seite das Ohr fließt. (Allgemeine Anschauung der Volksheilkunde in fast ganz Europa)

Personen, die an chronischen skrofulösen Augenentzündungen leiden, empfiehlt man nebst Abführmitteln, Fußbädern und hinter den Ohren zu tragendem Blasenpflaster auch Halsketten aus Bernstein. (Süd- und Westdeutschland)

Der Archäologe Schliemann fand in den mykenischen Gräbern reichlich Ostsee-Bernstein.

SONSTIGES

BERNSTEIN

Bernstein gibt Dir frische Kraft,
Weil er um Dich die Ruhe schafft.
Quält Dich Föhn und Niederdruck,
Bernstein nimm als einz'gen Schmuck!
Läßt die Wirkung aber nach,
Fühlst Du müde Dich und schwach,
Rieselt Wasser, kühl und rein,
Zieht die Strahlen aus dem Stein!
Nimmt Dir fort die Müdigkeit,
Und neue Frische Dich erfreut.
Das wußten auch die Griechen schon
Und sagten weise „Elektron“.
Leg nachts den Schmuck auf jeden Fall
Auf Edel- oder Buntmetall!

Adolf Flachenegger

Siehe Tafelteil, Seite 104 und 105.

ABBILDUNG

BERYLL

Im Gegensatz zum ziemlich häufig vorkommenden „gemeinen Beryllen“ besitzen der grüne Smaragd, der lichtblaue Aquamarin, der gelbe Goldberyll und der rosafarbene Morganit – alles Beryllvarietäten – die begehrte Edelsteinqualität. In ihrer chemischen Zusammensetzung bestehen diese Mineralien aus Kieselsäure, Tonerde, Beryllerde und Spuren anderer, meist farbgebender Elemente.

Der „gemeine Beryll“ ist meist von undurchsichtig-milchigtrüber Farbe, seltener erscheint er auch in farblosen und klaren Kristallen. Letztere sind wegen ihrer vergrößernden Eigenschaft im Mittelalter als „Berylle“ oder „berille“, eben als Brille, verwendet worden.

Berylle haben einen weißen Strich, eine Härte von 7,5–8 und einen zur Längsrichtung senkrechten, muscheligen bis uneben spröden Bruch.

ANWENDUNG

Im Altertum trugen die Griechen den Stein als Amulett gegen Augenleiden.

Die Augen werden mit Wasser gebadet, in dem über Nacht ein Beryll gelegen ist. Das Trinken dieses Wassers gilt auch als nützlich gegen das Schlucksen, gegen das Anschwellen der Halsdrüsen, gegen Halsentzündung, Magen- und Lebererkrankungen. Der gelbgrüne Beryll ist ein Heilmittel bei Gelbsucht und Leberleiden. (Altdeutscher Volksglaube)

VOLKSGLAUBE

Bei Gericht wird der Stein in der Hand eines Zeugen schwärzlich, sobald dieser die Unwahrheit spricht. (Deutsches Mittelalter)

Als Zauberspiegel der Schwarzkünstler wurde der Beryll für das „Sehen in die Zukunft“ verwendet. Besonders bei Kranken wollten die Schwarzkünstler erkennen, ob der Patient genesen oder sterben würde. (Nach Paracelsus)

Der Beryll stiftet Eintracht zwischen den Ehegatten, sofern die Frau und der Mann ihn als Ring oder Halsschmuck tragen. Unter seinem Einfluß gleichen sich die gegensätzlichsten Naturen aus, deshalb nannte man harmonisierende Eheleute auch „Beryllmenschen“. (Altdeutscher Volksglaube)

SONSTIGES

Der Stein wird in Monstranzen und Reliquienschreinen eingelegt, da die vielfältige Lichtbrechung die Hostie oder Reliquie deutlicher sichtbar macht.

ABBILDUNG

Siehe Tafelteil, Seite 106 und 107.

BEZOARSTEINE

Bezoarsteine wird man in Mineralienbüchern vergeblich suchen, sehr wohl aber begegnet man ihnen in alten volksmedizinischen Überlieferungen. „Bezoar", abgeleitet von persisch „padzehr" oder „bâdsahr", bedeutet Gegengift, und als solches wurden die Steine in früheren Zeiten verwendet. Bei diesen Steinen handelt es sich um rundliche Gebilde aus Fellhaaren, Harzen, Steinchen und Pflanzenresten aus dem Magen verschiedener Säugetiere, bevorzugt von der Ziege (die Bezoarziege ist eine Wildziegenart), aber auch vom Gams- und Steinwild, manchmal sogar von Pferden. Im Verdauungstrakt dieser Tiere werden Fellhaare und Pflanzenreste mit den Verdauungsfermenten vermischt, wobei die eindringende Salzlösung Kalk absondert, so daß sich die biogenen Materialien zu ovalen oder kugeligen „Steinen" zusammenkitten.

Dem archaischen Jäger waren die Tierkörper vertraut, um so geheimnisvoller erschienen ihm diese mitunter vorkommenden unüblichen, steinähnlichen Gebilde. Es ist anzunehmen, daß die organische Entstehung dieser Steine erst viel später erkannt wurde, was ihre Bedeutung in der Volksmedizin und im Volksglauben keineswegs schmälerte. Die magisch-heilenden Kräfte der Bezoarsteine sind nahezu weltweit als universelles Gegengift verbreitet.

Obwohl der echte Bezoarstein von der Bezoarziege stammen soll, waren im Volke die vom Gams- und Steinwild stammenden ebenso begehrt: „In Salzburg, wo es unter dem Erzbischof Guidobald von Thun (1654–1668) zur Gründung einer Steinwildapotheke als besonderer Abteilung der bischöflichen Hofapotheke kam, erging zugleich strengster Befehl an die bischöflichen Jäger zur Ablieferung von Steinwildteilen. ... dafür ließ der Erzbischof jedem Jäger für jede Gamskugel (Bezoar) zwei Gulden auszahlen ..." (Hansmann/Kriss-Rettenbeck, S. 128)

Willfort bedauert, daß heute die Bezoarsteine vielfach gefälscht sind und deshalb das Vertrauen in die Heilkraft dieser Steine zurückgegangen ist, da man weiß, daß in den „Bezoartinkturen" gar keine Bezoarsteine mehr aufgelöst werden.

Manchmal spricht die Volksmedizin auch von Tränensteinen, das sind die zu steinartigen Massen zusammengeballten Tränenhöhlen-Drüsenausscheidungen der Rothirsche.

ANWENDUNG

Die „Gamskugeln" gelten in der Volksheilkunde als das beste Mittel gegen Gift. Die orientalischen Bezoarsteine helfen gegen Ruhr, Schwindel, Übelkeit, Vergiftung, Pest und Epilepsie.

Der Stein, der sich in der Blase eines Ochsen befindet, reinigt, gepulvert eingenommen, den Kopf. Dafür kann der gepulverte Stein mit Rautensaft abgemischt werden.

Steinchen von gelber oder gelblichblauer Farbe finden sich im Balg des Ochsen. Das Trinken dieser gepulverten und in Wein aufgelösten Gebilde verkleinert den Blasenstein, heilt Stoßwunden und wird gegen Epilepsie eingegeben; auch stärkt dies das Sehvermögen.

Steine von Rossen, nicht ganz rund, glatt wie poliert, werden aufgelöst und oft gegen Epilepsie eingegeben.

Die Portugiesen schätzten den vom Stachelschwein stammenden Lapis Malacensis, den sie aus ihrer indischen Kolonie mitbrachten. Dieser soll besondere Heilkräfte besitzen.

VOLKSGLAUBE

„Gamskugeln“ sind ein gutes Schutzmittel gegen Hexen, Zauberei, böse Geister und Unholde. Sie machen den Jäger während 24 Stunden schuß- und stichfest.

Eine besondere Art von Tiersteinen sind die Schwalbensteine: Wenn die Schwalben sieben Jahre in einem Nest gebrütet haben, lassen sie den sogenannten Schwalbenstein zurück, der außerordentliche Heilkraft besitzt. (Tirol)

BLUTSTEIN, HÄMATIT

Blutsteine sind Hämatit-Varietäten. Gemeint ist damit das Erz von Eisenmetall, welches in der auskristallisierten, metallglänzenden, stahlgrauen bis eisenschwarzen Spielart als Eisenglanz bezeichnet wird. In seiner feinkristallinen, derben, körnigen, faserigen oder erdigen Erscheinungsform spricht man vom Roteisenstein, der die Rotfärbung der Böden, der Steine und ganzer Felsen verursacht. Diese rote Farbe war ausschlaggebend für die Namengebung: Das griechische Wort „haima" bedeutet Blut, und daß auch der Eisenglanz, auch schwarzer Hämatit genannt, diesen Namen zu Recht trägt, erkennt man daran, daß er das Schleifwasser rot verfärbt. Weitere Eigenschaften sind seine kirschrote Strichfarbe, die Härte von 6,5 und sein muscheliger Bruch.

Der Blutstein wurde nicht nur zu medizinischen Zwecken genutzt, auch die Künstler der Vorzeit benutzten die rote Farbe als Pigment. Unter anderem findet man es in den berühmten Fresken von Lascaux. Seine geheimnisvolle Kraft machten sich selbstverständlich die Krieger zu eigen, indem sie sich vor dem Kampf damit einrieben, um sich so vor Verletzungen zu schützen.

ANWENDUNG

Im Papyrus Ebers wird vom Stein „met" berichtet, der am ehesten dem gepulverten Blutstein entspricht. Dieser wurde als Augenheilmittel angewendet.

Nach Dioskurides und Plinius ist der Blutstein ein vorzügliches Mittel gegen Tränen- oder blutunterlaufene Augen, besonders wenn das Pulver mit Frauenmilch abgemischt ist. Dieses mit frischem Granatapfelsaft eingenommen, hemmt den Blutfluß aus dem Magen, aus der Gebärmutter oder aus der Lunge. Auch gegen Leberleiden, Urinbeschwerden und Schlangenbiß wird seine Heilkraft gerühmt.

Die Steinbücher des Babyloniers Zachalias, der seine Werke über die Edelsteine dem König Mithridates widmete, lobpreisen diesen Stein.

Der römische Arzt Galen benützte den Hämatit hauptsächlich bei Augenleiden. Mit Ei aufgeschwemmt, oder besser noch in einem Extrakt von Foenum graecum (Bockshornklee), wird der Stein beim akuten Trachom (ägyptische Augenkrankheit) verwendet. Weiters wird der Stein in Form von Pulver oder einer Salbe bei Hornhautgeschwüren aufgetragen.

Einzelne Autoren berichten, daß der Hämatit Blasensteine löse und Spermatorrhöe (unfreiwilligen Samenfluß) lindere.

GESCHICHTE

Orpheus widmete sich in seiner poetischen Beschreibung der Entstehung des Blutsteines: „Als einst der gestirnte Uranus, von des blutigen Kronos Händen zerfleischt, seine mächtige Brust über die Erde hinbeugte, da rannen Tropfen des göttlichen Blutes auf die schollige Erde hinab und erstarrten in der Sonne Glut. Kein Wunder also, daß diesem geronnenen Blute so große Heilkräfte gegen Augenleiden innewohnen, damit der Anblick des lieblichen Himmels dem Antlitz der Sterblichen nicht entzogen werde."

CHALCEDON

Chalcedone sind eine besondere Gruppe von Quarzvarietäten, die sich sowohl durch spezifische Eigenschaften als auch durch die Art ihrer Entstehung aus gelartiger Kieselsäure hervorheben. In reiner Form sind die feinen Quarzfasern farblos bis weißlich trüb und stets etwas porös. Chalcedone bilden in der Regel traubig-nierige Aggregate, oft mit sehr feinem, konzentrisch-radialstrahligem Aufbau. Härte 7; Strich weiß bis grau; keine Spaltbarkeit.

NAME

Der Chalcedon wurde nach dem Fundort bei der Stadt Chalkedon in der Nähe des heutigen Istanbul, im kleinasiatischen Bithynien, benannt.

GESCHICHTE

Obwohl das Mineral bereits in der Antike bekannt gewesen ist – waren doch die Ägypter schon zur Pharaonenzeit hervorragende Schleifer, Graveure und Steinschneider –, soll es sich bei den von Plinius, der Apokalypse und deren Kommentatoren bis Albertus Magnus derart bezeichneten Edelsteinen (griechisch: „calcidonios"; Plinius: „carchedonia"; später meist „calcidoneus") nicht um Chalcedone handeln, da man unter diesem Namen damals einen roten Stein verstand. Marbods Beschreibung und die der späteren Autoren passen eher auf den heutigen Begriff.

ANWENDUNG

Nach Konrad von Megenberg sänftigt er des heißen Fiebers Hitze. Wie bei jedem Edelstein fügt der Autor auch beim Chalcedon eine geistige Betrachtung hinzu und vergleicht den Stein mit der Liebe: „Solange sie inwendig im Herzen verborgen ist, ist sie bleich und gleicht einem Licht in einer Lampe; wenn sie aber bezwungen wird, daß sie aus dem Herzen hervorgeht, so zeigt sie auswendig, wie sie inwendig gestaltet war." Diese Auslegung schließt sich an die Beschreibung des Steines, er sei „einer bleichen Lampe gleich und scheine mehr am Tageslicht denn in dem Haus".

Der Stein hilft gegen Hirngespinste, die der Melancholie entspringen. (Nach Arnoldus Saxo und Albertus Magnus)

Der gelbe und gelbgrüne Chalcedon ist ein Mittel bei allen Gallenerkrankungen. (Altdeutsche Volksmedizin)

VOLKSGLAUBE

Nach Hildegard von Bingen schützt der Stein vor Zorn und bewirkt einen ruhigen, verträglichen Sinn. Durch Anhauchen erwärmt und an die Zunge gebracht, verleiht er die Gabe der überzeugenden Beredsamkeit.

ABBILDUNG

Siehe Tafelteil, Seite 96 und 97; 120 und 121.

CHRYSOLITH

Olivin, ein Eisenmagnesiumsilikat, ist zwar mit Abstand das häufigste Mineral des oberen Erdmantels, aber reiner Olivin ist selten, hat eine charakteristische gelbgrüne Farbe und macht größere klare Kristalle zu wertvollen Edelsteinen, den Chrysolithen. Der Name war schon in der Antike gebräuchlich, doch ist ungewiß, um welche Mineralien es sich nach unserer heutigen Definition dabei gehandelt hat. Eine Lagerstätte besonders schöner und großer Chrysolithe, die vielleicht schon im frühen Altertum abgebaut wurde, befindet sich vor der Ostküste Ägyptens, im Roten Meer auf der Insel Zabargad. Dieser Fundort wurde über Jahrhunderte geheimgehalten, so daß die Europäer erst im Jahre 1900 davon erfuhren. Das Mineral hat eine Härte von 6,5–7, einen muscheligen Bruch und einen weißen Strich.

ANWENDUNG

In den alten Steinbüchern wird der Chrysolith Fiebernden empfohlen. Weiters wurde er auch bei Magenschmerzen, bei Nierenbeschwerden und bei Erkrankungen der weiblichen Genitalien angewendet. (Nach Epiphanios und anderen)

Alexander Trallianus meint, daß der Chrysolith – wie der grüne Jaspis – gegen Epilepsie hilft.

In Volmars Steinbuch heißt es auch, daß „er den Schwerverletzten helfe".

Der Stein beinhaltet eine Art Lebenskraft, auch ist er heilsam bei Fieber und Herzleiden. Er stärkt das Wissen des Menschen. Wer ihn bei sich auf dem Herzen trägt, erinnert sich leichter der Wissenschaften und der Künste, denen er sich widmet. (Nach Hildegard von Bingen)

VOLKSGLAUBE

Daimigeron kennt zwei Sorten Chrysolithe. Befestigt man den durchbohrten Stein mit Eselshaaren am linken Arm, so vertreibe er alle bösen Gedanken und das Dämonische im Menschen. Später geschriebene Bücher wiederholen diese Anwendungsform.

Im Kapitel 48 des Steinbuches von Daimigeron bezeichnet der Autor den Stein als einen Helfer in der Begierde, der Liebe und der Gerechtigkeit. Der Stein öffne dem Träger jede Tür, damit ist gemeint, daß er gerne gesehen sei und seine liebenswürdige Art geschätzt werde.

„Dieser Edelstein vertreibt die Melancholie und vermehrt die geistigen Kräfte." (Arnoldus Saxo)

CHRYSOPRAS

Chrysopras ist ein durch Nickeloxid grünlich gefärbter Chalcedon. Als Chalcedonvarietät besitzt er die Merkmale der Quarzgruppen-Vertreter. Er gilt als Halbedelstein und ist wegen seiner unregelmäßigen Farbverteilung, aber auch wegen der Brüchigkeit größerer Stücke nur in kleineren Teilen bearbeitbar.

ANWENDUNG

Psellus berichtet, daß der Stein, an der Handwurzel getragen, ein scharfes Auge verleihe, Magenschmerzen heile und Anschwellungen beseitige.

Nach Hildegard von Bingen entsteht der Chrysopras nach Sonnenuntergang, denn dann haben die Luft und das Wasser eine mehr trübe, grünliche Farbe. Er vertreibt die Gicht, beruhigt die Zornigen und Aufgeregten. Er macht Gifte „unkrefftig", lindert heftige Anfälle bei Epileptikern, und „wenn jemand vom Teufel besessen ist, soll man Wasser über den Stein giessen und dabei sprechen: ‚ego agua super istum lapidem in virtute illa te fundo, qua Deus solem cum currente luna fecit' (Ich, o Wasser, gieße dich über diesen Stein in jener Kraft, mit der Gott die Sonne mit dem laufenden Mond schuf) und dieses Wasser dem Kranken zu trinken geben".

Macht das Gesicht klar, vertreibt Geiz und gibt Ausdauer in allem Guten. (Arnoldus Saxo)

DIAMANT

Der Diamant ist nicht nur der härteste, sondern auch einer der wertvollsten Edelsteine. „Unbezwingbar" bedeutet sein Name und ist abgeleitet vom griechischen „adamas". Im reinsten Zustand ist das Mineral farblos und wasserhell, doch nicht selten ist es gefärbt, meist grau und braun, sogar grün, gelb, rot und blau. Diamant ist reiner kristalliner Kohlenstoff, weshalb er bei starker Hitze und Luftzufuhr ohne Rückstände verbrennt. Sein lebhafter Glanz, der sprichwörtliche Diamantglanz, ist ein Farbenspiel, das auf intensiver Lichtbrechung und Farbenzerstreuung beruht. Da der Diamant nicht ritzbar ist, nimmt er in der Härteskala den obersten Platz, nämlich Härtegrad 10, ein.

ANWENDUNG

Der Diamant genoß bei den Indern höchstes medizinisches Ansehen. Er heile alle Krankheiten, lindere alle Schmerzen und Übel und sei ein Wohlbefinden erzeugendes, den Körper stärkendes Elixier. Das als Heilmittel so hochgeschätzte Gold steht an Wirksamkeit hinter dem Diamant weit zurück.

Im 3. Jahrhundert v. Chr., zur Zeit Theophrasts, waren Diamanten kaum bekannt. Erst Plinius wählt ihn zum wertvollsten aller Edelsteine. „Der cyprische Diamant neigt zur Farbe des Kupfers hin und wirkt als Heilmittel am kräftigsten; er macht die Gifte unwirksam, vertreibt den Wahnsinn und törichte Furcht."

In Volmars Steinbuch findet man die Angabe, daß der Diamant das Kind im Mutterleibe schütze, die Geburt erleichtere und den Frauen die Zuneigung des Mannes erhalte.

Wasser und Wein, in denen ein Diamant gelegen ist, sind heilkräftig bei Gicht, Apoplexie (Schlaganfall) und Gelbsucht. (Nach Hildegard von Bingen)

Der Diamant besitzt eine kalte und sehr trockene Beschaffenheit. Er zerbricht alle Steine, die mit ihm in Berührung kommen. Daher wurde er auch für die Zerkleinerung von Nieren- und Blasensteinen empfohlen. So soll er bei Nierensteinen, verpackt in einem Leinensäckchen, an der entsprechenden Lendenseite getragen werden. In der Harnröhre festsitzende Blasensteine sind leicht zu entfernen, indem man mit einer stumpfen Nadel das Nadelöhr erweitert, darin ein abgerundetes Diamantstückchen einklemmt und das Ganze in die Harnröhre einführt. (Altdeutsche Volksheilkunde, von Plinius übernommen)

VOLKSGLAUBE

Der Diamant war durchaus auch gefürchtet, wie Aristoteles überliefert: „Wenn aber unglücklicherweise jemand den Stein verschluckt, so zerreißt er demselben alle Gedärme, Arme und Füße reißt er vom Körper", und der Arme muß elendiglich sterben.

Pseudo-Aristoteles erzählt, wie sehr sein Schüler Alexander der Große diesen seltensten aller Steine gepriesen habe: „Der Diamant kommt in Indien nur in einem entlegenen, sehr unzugänglichen Tale vor, das von allen Seiten von Giftschlangen bewacht wird. Diese Hüter des Schatzes tötete Alexander durch einen großen Spiegel, in welchem sie ihr eigenes furchtbares Bild erblickten

VOLKSGLAUBE

und von diesem Anblick starben. Um aber die Steine aus der Tiefe zu bekommen, ließ Alexander frisch geschlachtete Widder in den Abgrund werfen. Bald kamen hungrige Adler in Mengen und trugen das Fleisch in die Lüfte davon. An diesen Fleischteilen waren Diamanten hängen geblieben, die man dann außerhalb der Schlucht mühelos auffinden konnte.“ (Diese Erzählung über die ersten Diamantenfunde findet man in vielen Variationen, bei Epiphanios und in der Märchensammlung „Tausendundeine Nacht“.)

Plinius meint wörtlich: „Der Diamant ist unbesiegbar, auch Feuer besiegt ihn nicht, er läßt sich nicht erhitzen. Er ist der härteste Körper. Legt man ihn auf den Amboß und schlägt mit dem Hammer darauf, zerspringen Hammer und Amboß, und der Diamant geht als Sieger hervor. Doch der Diamant hat eine schwache Seite, denn diese unüberwindliche Kraft, diese Verächterin zweier der heftigsten Potenzen in der Natur, nämlich des Eisens und des Feuers, wird durch Bocksblut, wenn es noch frisch und warm ist, zersprengt.“

Nach chinesischer Ansicht „zergeht“ der Diamant durch Schlagen mit einem Widderhorne.

Ist jemand hinterlistig, tückisch, böswillig, jähzornig und dem Trunke ergeben, wird er von diesen Lastern geheilt, wenn er einen Diamanten im Munde trägt. Wegen seiner Härte verabscheut ihn der Teufel. (Nach Hildegard von Bingen)

Der Stein bringt demjenigen Gnade, der ihn von seinem Freunde geschenkt bekommt, bringt aber demjenigen keinen Nutzen, der ihn selbst kauft. (Nach Konrad von Megenberg)

Den Diamanten am linken Arm getragen, gilt in Österreich, Deutschland, Italien, Spanien und Frankreich als Talisman gegen jedes Gift und gegen böse, feindliche „Geister“.

Es ist gefährlich, einen Diamanten in den Mund zu nehmen, denn er bringt die Zähne zum Zerspringen. (Altdeutscher Volksglaube)

SONSTIGES

Bei Ezechiel 28,13 heißt der Diamant „Bohrer“ oder „Stachel“ (schamîr).

ABBILDUNG

Siehe Tafelteil, Seite 108 und 109.

FELDSPAT

Bei der volkstümlichen Redewendung zur Zusammensetzung des Granits – „Feldspat, Quarz und Glimmer, die drei vergess' ich nimmer" – wird Feldspat an erster Stelle genannt. Das mag daher rühren, daß dieser im gesamten Mineralreich am stärksten vertreten ist, eben auf jedem „Feld".

Der Begriff Feldspat bezieht sich auf eine Gruppe gesteinsbildender Mischkristalle unterschiedlicher Formen und Farben. Chemisch betrachtet, bestehen sie aus Silikaten, die, je nach Zusammensetzung, wiederum differenziert werden können. Farbige Varietäten sind beliebte Schmuck- und Sammlersteine. Feldspat zersetzt sich, wandelt sich um und bildet derart die mineralischen Grundlagen des Lebens auf dieser Erde.

ANWENDUNG

Die Indianer am Orinoco (nördliches Südamerika) bringen dem Epileptiker eine Hautwunde bei, legen einen kleinen Feldspat hinein und lassen diesen einheilen. Dies bewirke ein Abklingen des Leidens. Die Anfälle treten in immer größer werdenden Intervallen und stets schwächer auf und klingen schließlich gänzlich ab.

ABBILDUNG

Siehe Tafelteil, Seite 110 und 111.

GAGAT

Der Gagat ist eine fossile, leicht zu bearbeitende pechschwarze und wachsglänzende Braunkohlenart, also ein Ergebnis des Inkohlungsprozesses. Kohle ist organischen, vorwiegend pflanzlichen Ursprungs und damit nach geologischer Definition kein echtes Gestein. Da sie aber als fester Bestandteil der Erdrinde teilweise derart verändert und ihre organische Herkunft nicht mehr zu erkennen ist, wird sie den Sedimentgesteinsarten zugeordnet. Gagat ist leicht brennbar und wurde deshalb auch als „brennbarer Stein" bezeichnet. Härte 2,5–4; muscheliger Bruch.

VOLKSNAMEN

Schwarzer Bernstein, Azabache, Jett, Pechkohle.

ANWENDUNG

Nach Dioskurides hat Gagat eine erweichende und zerteilende Kraft. Sein Rauch gewährt „Hysterischen" Linderung. Der Stein wird den Mitteln gegen Podagra und den schmerzstillenden Mitteln beigesetzt.

Nikander empfiehlt Gagat, neben Hirschhorn, zu Räucherungen gegen Giftschlangen und Reptilien.

Räucherungen stillen Gebärmutterkrämpfe. (Nach Plinius)

Der in Wein gekochte Stein „nimmt das Zahnweh"; mit Wachs vermischt, heile man Kröpfe. (Allgemeine Ansicht)

Scribonius Largus vermischt Gagat mit Terpentin und Wachs gegen Condylome (Feigwarzen).

Der gepulverte Stein wird, mit Pflanzensubstanzen vermischt, auf geschwollene Kniegelenke aufgetragen. (Nach Galen)

Gagat mit anderen Substanzen vermischt, ergibt ein heilsames, austrocknendes, die Wundränder zusammenziehendes Pflaster. (Allgemein bekannt)

Das Trinken des Wassers, in dem der Stein gekocht wurde, vertreibt die Spulwürmer. An den Körper gebunden, bändigt der Stein die Kopfschmerzen. In der Hand gehalten oder an den Schenkel gebunden, erleichtert er die Geburt. Wird der Stein angezündet und dann mit Wein ausgelöscht, vertreibt der entstehende Dampf den Schweiß und beschleunigt, eingeatmet, den Puls bei Herzleiden. Stuhlbeschwerden klingen ab durch eine Abkochung des feingepulverten Steines mit saurem Traubensaft. (Nach Aetius)

VOLKSGLAUBE

Gagat wurde schon in der vorgeschichtlichen Zeit zu allerlei kultischem Schmuck sowie zu diversen Schutz- und Abwehramuletten verarbeitet.

Konrad von Megenberg beschreibt folgende Virginität-Probe: „welhen junkfraw daz wazzer trinckt/ ist si noch magt/ sô geschicht ix nihts/ is si aber niht magt/ so beprunzt si sich zehaut (= sogleich)/ also melt si ir aigen wazzer dis an."

GALAKTIT, MILCHSTEIN

Die mineralogische Zuordnung des Galaktiten ist mit einigen – möglicherweise erfolglosen – Mühen verbunden. Am ehesten handelt es sich bei diesem Begriff um einen historischen Repräsentanten einer Reihe von Heil- und Zaubersteinen.

Vom wissenschaftlich-geologischen Standpunkt aus könnte es sich dabei um eine nicht mehr verwendete Bezeichnung für eine Mischung aus Natrolith und Skolezit handeln. Beide Mineralien gehören der Zeolith-Gruppe an. Andere Quellen vermuten hinter diesem Namen einen Phosphoriten oder Osteolithen.

NAMEN

Galagtit, Galaxias, Anaktit, Anachit, Leukogaeas, Leukographitis, Synecit, Synnephites, Morochtus, Smaragdus, Lethaios, Kraterites und andere. Daimi geron meint, der Stein habe diese vielen Namen, da er ebenso viele Wirkungen besitze.

Neben dem Galaktiten wird gerne der Melitit (Honigstein) und der Hämatit (Blutstein) zitiert. Dabei haben Blut- und Milchstein, verrieben und in Wasser umgerührt, jeweils die Farbe und das Aussehen der jeweiligen Flüssigkeiten. Der Honigstein aber schmecke nach Honig.

ANWENDUNG

„Der Galaktit wird darnach genannt, daß ein Milchsaft von ihm ausfließt. Er ist von etwa grauer Farbe und süßem Geschmack; in Form einer Salbe ist er angebracht bei Flüssen oder Geschwüren der Augen. Der mit Wasser zerriebene Stein muß in einer bleiernen Büchse aufbewahrt werden. ... Der Melitit gleicht in allem dem Galaktit, er gibt nur einen süßen Saft ab und hat die gleiche Wirkung. ... Der Morochtus (Galaxias von Leukographis) aus Ägypten wird von den Leinenwebern beim Bleichen der Leinwand verwendet. Er soll die Höhlungen im Körper ausfüllen und ist, mit Wasser getrunken, angebracht bei Hämoptoe [Bluthusten, Lungenblutung], bei Magen- und Blasenbeschwerden. Als Vaginalkugel appliziert, hilft er den Frauen bei Menstruationsbeschwerden. Er wird auch den weichen Augenmitteln beigemischt. Mit Wachssalbe vermischt, bringt er wuchernde Geschwüre zur Vernarbung." (Dioskurides)

Plinius meint, daß der Stein den Ammen reichlich Milch verschaffe. Auch schwäche er das Gedächtnis.

Der fein zerriebene und mit Meerwasser vermischte Stein hilft bei Schafen, deren Euter schmächtig geworden ist. Man bestreiche ihnen damit den Rükken. Weiters heißt es: „Hast Du vermenget den Stein mit lieblichem Honiggemische, laß die Gattin dies trinken, damit sie das saugende Knäblein, das sich berauscht an der Mutterbrust, wohl möge besorgen." (Orphische Lithika)

Da der Stein hilft, Schmerzen zu vergessen, wird er bei Zahnschmerzen um den Hals, bei schmerzreichen Geburten den Frauen um den rechten Oberschenkel gebunden.

ANWENDUNG

Für Daimigeron gilt dieser Stein als hervorragender Zauberstein. So nennt er den Galaktiten als das beste Mittel gegen Neid, Mißgunst, Behexung, da er allem Übel und Unheil widersteht.

Der berühmte Magier Ostanes, „magister magorum omnium“, nannte den Stein Lethargus, da er alle Übel vergessen läßt. Eine Frau, die Milch haben möchte, kann auch, statt den Stein zerrieben einzunehmen, diesen um den Hals tragen, jedoch an einem Faden, der aus der Wolle eines hochträchtigen Schafes frisch gesponnen wurde.

GIPS

Gipsstein, kurz auch nur Gips genannt, soll als erstes Mineral von A. van Leeuwenhoek (1632–1723) unter dem Mikroskop studiert worden sein. Es besteht aus wasserhaltigem Calciumsulfat, dem Mineral Gipsspat. Als Gestein ist Gips bald grobkörnig, bald dicht und seidenglänzend-faserig, kann aber auch ansehnliche Kristalle ausbilden, die nicht selten in igeligen Aggregaten oder Rosetten angeordnet sind. Je nach Reinheit ist Gips transparent bis durchscheinend, farblos, weiß, aber auch mit Ton oder Bitumen gefärbt. Gips ist weich, läßt sich mit dem Fingernagel ritzen und hat eine definierte Härte von 1,5–2.

Durch technische Verfahren wird Gipsstein erhitzt („gebrannt"), wobei er einen Teil seines chemisch gebundenen Kristallwassers verliert und so leicht zu Pulver gemahlen werden kann. Bei einer späteren Zugabe von Wasser nimmt er dieses unter Volumenvergrößerung schnell wieder auf.

GESCHICHTE

Der antike Bildhauer Lysipp aus Sikyon fertigte nach Plinius den ersten Gipsabguß eines Menschengesichtes an.

ANWENDUNG

Gips gilt in der Volksmedizin als ein zusammenziehendes, stopfendes und trocknendes Mittel. In Wasser aufgelöst und getrunken, soll Gips blutiges Erbrechen, Blutungen, Blutergüsse und Schweiß verhindern. (Immer wieder gehört, hauptsächlich bei den Volksdeutschen)

Gipswasser bringt die Durchfälle zum Stillstand. Es wird getrunken, „um zu binden". Man weiß allerdings auch, daß Gipswasser „gefährlich" ist, da es den Atem raubt, die Venen verstopft und die „Halsgänge" sowie die Gedärme „verkleistert". (Immer wieder gehört, hauptsächlich bei den Volksdeutschen)

GOLD

Dank seiner Eigenschaften hat das Edelmetall Gold in der Menschheitsgeschichte einen bedeutenden Platz eingenommen. Als edel gilt das Metall, weil es an der Luft kaum oxidiert und nur schwer chemische Verbindungen eingeht. Sein Vorkommen ist meist gediegen als Berg- und Seifengold, selten in Kristallen oder drahtförmigen Aggregaten, Körnern oder Klumpen. Gold enthält meist 2–20 Prozent Silber, ist undurchsichtig, hat einen metallisch-gelben Strich, einen hackigen Bruch und eine Härte von 2,5–3.

GESCHICHTE

Da Gold praktisch „unverwüstlich" ist und seine Seltenheit es noch kostbarer erscheinen läßt, wurde es schon früh mit der Aura eines unvergänglichen und göttlichen Metalls umgeben, das den Mächtigen und dem Dienst an den Göttern vorbehalten war.

ANWENDUNG

Wegen seiner Reinheit und seiner glänzenden Farbe war Gold schon im Altertum eines der wertvollsten Heilmittel, und das ist es bis heute geblieben, nicht zuletzt deshalb, weil sein hoher materieller Wert dem „heilenden Wert" gleichgesetzt wird.

Gold gilt heute noch als Schutz- und Heilmittel gegen Gelbsucht wie auch Rotlauf und wird als Talisman gegen den „Bösen Blick" getragen.

Im 16. Jahrhundert legte man in deutschen Landen Goldplättchen auf Wunden. Bei der hohen antiseptischen Wirkung dieses Metalls wachse auch in der Wunde kein „faul Fleisch".

ABBILDUNG

Siehe Tafelteil, Seite 112 und 113.

GRANAT

Granat ist die Bezeichnung für eine Gruppe von Mischkristallen, die zwar ähnliche Eigenschaften haben, aber chemisch unterschiedlich aufgebaut sind. Die verschiedenen Farben der Varietäten, vor allem Rot, Grün und Braun, werden dadurch hervorgerufen, daß die Kieselsäure sowohl in der Menge als auch in der Qualität mit unterschiedlichen Stoffen verbunden ist, beispielsweise mit Eisen, Mangan, Chrom oder Titan. Granate haben einen harzigen Glas- oder Fettglanz und sind durchsichtig bis undurchsichtig. An weiteren Merkmalen sind zu nennen ein weißer Strich, ein muscheliger, splittrig-spröder Bruch und eine Mohshärte von 6,5–7,5. Kristallausbildungen und derbkörniges Vorkommen sind möglich.

Als Edelstein wird besonders der rote Pyrop verwendet, ferner der ebenfalls rotgefärbte Almandin und der smaragdgrüne Demantoid.

GESCHICHTE

Der Name des Steines soll auf das lateinische Wort „granum“ (Korn, Kern) zurückgehen; möglicherweise erinnerten die ersten beschriebenen Granate den Namengeber an die Kerne von Granatäpfeln, „malum granatum“ (kernreicher Apfel).

Die Alten haben den Granat mit dem Rubin zusammen als Karfunkel (Carbunculus) bezeichnet. Im Mittelalter zählte der Granat zu den begehrtesten Steinen.

VOLKSGLAUBE

„Wer einen vier Gramm schweren Granat in einem goldenen Ring trägt, wird vor schlimmen und schreckhaften Träumen bewahrt sein.“ (Antikes Wissen)

Nach Serapion heilt der Granat durch Berührung das von der Sonne geblendete Auge.

ABBILDUNG

Siehe Farbtafel, Seite 114 und 115.

HELIOTROP

Der Heliotrop ist eine undurchsichtige, lauchgrüngefärbte und mit roten Punkten versehene Chalcedonvarietät, also ein Edelstein der Quarzgruppe. Unter Heliotrop versteht man heute noch die gleiche Chalcedonart, wie sie Plinius, Solin und spätere Autoren beschrieben.

NAME

Nach Plinius rührt die Bezeichnung Heliotrop daher, daß der in ein volles Wasserglas gelegte Stein die Sonnenstrahlen blutrot zurückwirft.

Konrad von Megenberg nennt den Heliotrop „Sunnenwedel".

ANWENDUNG

Dem Stein wurden möglicherweise weniger heilende als magisch-okkulte Kräfte zugesprochen. So beschimpfte Plinius die Magier, die behaupteten, daß der geweihte und mit dem Kraut gleichen Namens getragene Stein den Träger unsichtbar mache, vorausgesetzt, daß er immer keusch gelebt habe.

Daimigeron wiederum meint: „Wer diesen Stein trägt, wird nie verlassen sein, denn so große Gnade legte Gott in ihn." Er gewährt Gesundheit, Achtung aller Menschen, bewahrt vor Gift und Krankheit, vor Schrecken und sonstiger Gefahr. Auch gebe der Stein die Kraft, gewisse Ereignisse der Zukunft zu erahnen.

Der grünlich schimmernde Stein hat nach Arnoldus Saxo die Eigenschaft, schwache Augen zu stärken.

Im christlichen Mittelalter hielt man die roten Tropfen für Christi Blut, daher entstand das Synonym Blutjaspis. Er sollte von vornherein Krankheiten verhindern.

HYAZINTH

Der Stein wurde Ende des 18. Jahrhunderts genauer untersucht, und dabei entdeckte man, daß der Hyazinth eine braun- bis gelbrote Varietät des Zirkons ist. Unter den Edelsteinen hat der Zirkon nach dem Diamanten das höchste Lichtbrechungsvermögen. Mohshärte 6,5–7,5; Strich weiß; Bruch muschelig, sehr spröde und druckempfindlich.

GESCHICHTE

Der von den alten Griechen ursprünglich als Hyazinth benannte Stein ist heute der Saphir, dessen Name vom Blau der Zierpflanze Hyazinthe abgeleitet wurde. Später übernahmen die Araber das griechische Wissen, und seit damals sollen auch andere Steine die Bezeichnung Hyazinth getragen haben, also nicht nur der blaue Saphir, sondern beispielsweise auch der Rubin, der Topas (gelber Saphir) und der orientalische Smaragd (grüner Saphir). Die verschiedenen Hyazinthsorten sollen die Araber vom Pic Adam, arabisch „Serendib“, auf Ceylon bezogen haben. In den mitteldeutschen Lapidarien wurde die schönste Hyazinthsorte „Granat-Jachant“ genannt.

ANWENDUNG

Aristoteles berichtet in seinem Werke „De lapides“, daß die Hyazintharten, um den Hals gehängt oder als Ring getragen, von Epidemien befreien, doch müsse man den Stein in Epidemiezeiten stets tragen.

Nimmt man den Stein in den Mund, so verschafft er Kühlung. Wie der Himmel bei aufziehenden Wolken seine Farbe wechselt, so verliert der Stein bei schlechtem Wetter auch seinen Glanz. (Nach Solinus)

Nach Epiphanios erleichtert der Stein die Geburt und vertreibt die bösen Gedanken.

Der Hyazinth schmeckt sauer, regt den Appetit an und fördert die Verdauung. (Nach Narahaxi)

Trinkt man den pulverisierten Stein mit Essig, so heilt er Husten, Melancholie und Knochenbrüche. (Nach Psellus)

Der Stein stärkt das Herz und widersteht den Giften. (Nach Ibn al-Beithar)

Arnoldus Saxo meint, daß der Stein die Glieder kräftige und den Schlaf fördere, weil er eine nervenstärkende Wirkung besitze.

Hildegard von Bingen rühmt den Stein gegen entzündete Augen und Halluzinationen.

Interessant ist die Tatsache, daß von Vincentino Bellovacensis behauptet wird, der Hyazinth verhindere das Wachstum der Schamhaare beim Weibe und begünstige den Abortus, denn diese Eigenschaften werden seit jeher auch als Wirkung der Pflanze Hyazinthe beschrieben.

ANWENDUNG

Ahmed Tifaschi berichtet, daß der Hyazinth den Durst vertreibe, vor bösen Träumen und nächtlichen Pollutionen bewahre und außerdem den Blitz ableite.

Nach Al-Kazwini verhindert der Stein bei mäßiger Kälte auch das Gefrieren des Wassers.

Marbod berichtet von der Kraft des Steines, die Trauer und die Melancholie aufzusaugen, auch schütze er vor der Pest.

JASPIS

Der Jaspis ist ein opaler Dekorationsstein, der zu 75 Prozent aus Quarz besteht. Eisenoxide färben ihn rot oder grün und geben ihm mitunter eine derart extravagante Zeichnung, daß so klingende Namen wie „blühender Jaspis“ oder „gebänderter Jaspis“ entstanden sind. Diese interessant gemusterten Exemplare wurden vom Menschen mit besonderen Kräften „aufgeladen“ und werden nach wie vor als Schmucksteine verwendet. Jaspise sind Kieselausscheidungen in tonigen oder kalkigen Sedimenten. Als unzertrennliche Begleiter von Achat und Chalcedon entstehen sie hauptsächlich durch Kristallisation aus warmen Lösungen auf Eruptionsklüften. Mohshärte 7; Strich weiß bis grau.

Der Name Jaspis bezog sich in der Vergangenheit auf unterschiedliche Mineralien, dabei wurde der seltene grüne Jaspis früher auch „Plasma“ genannt. Die roten, gelben und braunen Sorten der Alten entsprechen aber durchaus unserem heutigen Jaspis. Bei den uns überlieferten Angaben zu den grünen, rotgepunkteten Steinen könnte es sich auch um den heutigen Heliotrop – auch Blutjaspis genannt, ebenfalls eine Chalcedonvarietät – handeln. Weiters ist die von den Alten geschätzte grün durchscheinende, oft dem Smaragd täuschend ähnliche Sorte nach den Untersuchungen von Abel-Rémusat mit dem historisch interessanten Nephriten identisch. Demnach könnte es sich beim medizinisch verwendeten grünen Jaspis um den Nephriten handeln.

ANWENDUNG

Der rote Jaspis wirkt blutstillend. Überliefert sind Amulette mit der Aufschrift „Blut der Isis“.

Nach dem Papyrus Ebers hilft der Stein bei Frauenleiden.

Der rote Jaspis war bei den Römern bei zu starken Geburtsblutungen geschätzt. Auch in unserem Jahrhundert ist der Stein ein Heilstein bei Blutfluß der Frauen sowie generell bei blutenden Wunden.

Gegen Nasenbluten halte man den Stein unter dem Daumen fest in der Hand.

Der rote und der grüne, aber auch der mit den roten und grünen Adern durchzogene Jaspis galt als besonders heilkräftig. Diese Wirkung konnte durch das Einfassen des Steines in Silber erhöht werden.

In einer Klosterhandschrift aus dem 15. Jahrhundert wird seine Heilkraft gegen Fieber und Wassersucht gerühmt.

Grüner Jaspis am Halse getragen, stärkt den Magen.

In Westböhmen ist der Jaspis ein beliebter Amulettstein gegen böse Geister, Unlustgefühle oder Ängstlichkeit, und in Württemberg wird der Stein gegen „ungute Freunde“ und von den Mädchen zur Wahrung der Jungfernschaft getragen.

KALKSTEIN

Kalk, die volkstümliche Bezeichnung für Calciumkarbonat, zählt zu den verbreitetsten Mineralien der Erdkruste. Die meisten Kalksteine sind, begleitet und unterstützt von physikalischen und chemischen Prozessen, durch Meeresorganismen gebildet worden. Nicht selten sind die Hartteile dieser Organismen noch zu erkennen, manchmal auch nur als zertrümmerte und teilweise schon umkristallisierte Schalenreste. Dieses Sedimentgestein baut ganze Gebirgszüge auf, deren Oberflächen durch eine typische Kalkverwitterungsstruktur geprägt sind. Die chemisch so einfache Substanz Calciumkarbonat kann als Calcit in Tausenden von Formen auftreten. Reiner Calzit ist farblos bis milchigweiß, bei starken Verunreinigungen auch farbig. Seine Härte ist 3, der Strich weiß und der Bruch muschelig.

In der Heilkunde wird zwischen ungebranntem und gebranntem Kalk unterschieden. Bei letzterem wird der Kalkstein bei einer Temperatur von 1200–1400 Grad Celsius geglüht, dabei entweicht das Kohlendioxid.

ANWENDUNG

Ungelöschter Kalk wurde im Altertum in der Heilkunde vielfach äußerlich angewendet.

Im schweizerischen Simmental und generell in der deutschen Volksheilkunde findet er Verwendung als heilsamer Umschlag bei Hautausschlägen, trockenen und nassen Flechten, Geschwüren und eiternden Wunden.

Als Heilmittel ist der Kalk schon in den ältesten Arzneibüchern erwähnt.

Kalkwasser wurde früher bei „schmerzender Schwerigkeit“ der Lenden und Füße empfohlen. (Um 1490)

Lonicer beschreibt eine aus Kalkwasser bereitete Salbe gegen Warzen. Eine aus Kalk, Bleiweiß und Wachs hergestellte Salbe hilft bei „faulen Schäden“.

In Frankreich mischte man unter das Samengetreide Kalk, der zu Mariä Himmelfahrt oder Mariä Geburt (Frauendreißiger) gebrannt sein mußte.

KARNEOL

Das feinkristalline, homogen rötlich gefärbte Mineral Karneol ist eine Chalcedonvarietät. Sein Name ist vom lateinischen „carneus" abgeleitet und bedeutet „fleischfarben". Der Karneol ist ein beliebter Schmuckstein.

ANWENDUNG

Im Altertum wurde der Karneol seiner Farbe wegen als Heilstein bei Blutungen angewendet. Deshalb nannte man ihn auch „lapis haematitis". Frauen, die an starken Blutungen litten, trugen ihn an den Fingern der linken Hand. (Nach Buschan)

In gepulverter Form aufgetragen, soll die gelbe Varietät ein Heilmittel bei Geschwürbildung und bei Eiterungen sein. (Nach Buschan)

Der äußerst seltene weiße Karneol wurde von den vornehmen Griechinnen als Heilmittel gegen Rheuma und Neuralgien getragen. (Nach Buschan)

Im Orient ist jede Karneolart heute noch ein geschätztes Mittel gegen Augenleiden. (Nach Buschan)

Gebrannter Karneol erhalte und festige lockere Zähne.

Wegen seiner Farbe wird der Stein nach der Kornelkirsche „Corneleon" genannt. Er hilft bei Nasenbluten. (Nach Hildegard von Bingen)

Der beim Feilen oder Polieren abfallende Staub des „Akik" (arabischer Ausdruck für Karneol) stärkt das Herz, ist ein Mittel gegen das furchtsame Herzklopfen und hilft auch den Augen.

VOLKSGLAUBE

Aristoteles berichtet, daß der Träger eines Karneols sich niemals vom Zorn hinreißen läßt.

Als Amulett wirkt der Karneol beruhigend bei Streitigkeiten und gibt bei Gericht dem Träger Überlegenheit. Tragen beide Streitteile einen Karneol, so kommt es ohne Streit und Szenen sogleich zu einer Einigung. (Nach Ibn al-Beithar)

Das Tragen eines Karneols als Siegelring, als Halskette oder im Sack verhindert jede unbesonnene Handlung, gibt Ruhe und Überlegung und gleicht alle seelischen Erregungen aus. Ferner verhindert er Blutungen, Eiterung und Geschwürbildung am Zahnfleisch. (Altdeutsche Volksanschauung)

Goethe hielt große Stücke auf den Karneol und schrieb im „West-östlichen Divan I" unter „Segenspfänder":

VOLKSGLAUBE

Talisman ist Karneol,
Gläubigen bringt er Glück und Wohl;
Steht er gar auf Onyx' Grunde,
Küss' ihn mit geweihtem Munde!
Alles Übel treibt er fort,
Schützet dich und schützt den Ort;
Wenn das eingegrabene Wort
Allahs Namen rein verkündet,
Dich zu Lieb' und Tat entzündet;
Und besonders werden Frauen
Sich am Talisman erbauen!

KIESELSTEIN

In unserem Leben sind wir buchstäblich von Kieselsteinen umgeben. Überall liegen sie, die durch Flußtransport abgerundeten Steine. Im Gegensatz zu Edelsteinen war der Kieselstein jedermann verfügbar, daher erklärt sich auch sein häufiger volksmedizinischer Gebrauch.

ANWENDUNG

Gegen das „Reißen der Glieder" verwendet man bei den Deutsch-Böhmen das „Streichen" mit den sogenannten Katzenköpfen, das sind glatte Kieselsteine, wie man sie im Geröll von Flüssen und Bächen findet. (Feldsteine, die nicht von fließendem Wasser berieselt wurden, eignen sich dafür nicht.) Mit diesen Steinen bestreicht „die Wenderin" die schmerzenden Körperstellen und wirft den Stein sofort wieder weg.

Verletzt man sich auf freiem Felde, so nimmt man den nächstgelegenen Feldstein, am besten einen Kieselstein, umkreist damit einige Male die Wunde und legt dann den Stein genau an seinen Platz zurück. (Steiermark)

Blutsegen: „Nimm einen Kieselstein, fahre am Rande der Wunde mit demselben herum und sprich dreimal: Haut, Fleisch und Bein, geschwill so wenig als der Stein!" (Steiermark: oberes Ennstal)

Nach schwäbischem Glauben ist alles Wasser, das über glatte Kieselsteine eines besonders klaren Baches läuft, heilsam für die Augen. Der Kieselstein soll sorgfältig aus dem Bach genommen werden und die schwachen Augen berühren, besser noch: sie bestreichen. Anschließend muß der Stein exakt an seinen alten Platz im Bachbett zurückgelegt werden.

Blutstillungssegen mit einem Kieselstein aus Bayern: Man nimmt einen Stein aus dem Bach, merkt sich die Stelle, wo er gelegen ist, und trägt ihn zum Verletzten. Diesem drückt man den Kieselstein auf die Wunde und betet:

Jetzt nehm' ich den Stein
Und leg ihn auf die Wund', aufs Bein,
Und drücke fest auf dein Blut,
Auf daß es sofort stehen tut.
Im Namen des Vaters, des Sohnes und des Heiligen Geistes, Amen!

Dies wird dreimal gebetet, und anschließend wird der Stein genau an die Stelle, wo er lag, zurückgebracht.

Eine andere Gebetsformel lautet:

Unser Herrgott ist gestorben,
Er stirbt nicht mehr.
Herrgott hat geblutet,
Er blutet nicht mehr.
Deine Wunde hat geblutet
Und blutet nicht mehr.
Im Namen des Vaters, des Sohnes und des Heiligen Geistes, Amen!

ANWENDUNG

Gegen Durchfall ließ man die Milch, bevor sie getrunken wurde, über glühendheiße Kieselsteinchen rinnen. (Altgermanisches Hausmittel)

Man stoße ausschließlich weiße Kieselsteine zu Pulver, vermische dieses mit Brennesselsamen und Honig und nehme davon alle Tage ein Lot gegen Blasen- und Steinleiden. (Westböhmisches Hausmittel)

Wer Seitenstechen hat, suche in einem Bache einen Kieselstein und stecke diesen auf der nichtstechenden Körperseite ein, dann schwindet das Stechen. (Tirol)

Bei Zahnschmerzen bestreiche man die schmerzende Wange oder Mundpartie mit der unteren Seite eines Kieselsteines, den man aus einem fließenden Bach entnommen hat, und lege dann den Kiesel wieder an seinen Platz zurück. (Schwaben, Oberösterreich)

Um wunde Füße oder wunde Frostbeulen fahre man dreimal mit einem Kieselstein herum und spreche: „Bein, du sollst so wenig geschwollen und geschwären als wie dieser Stein. Im Namen des Vaters, des Sohnes und des Heiligen Geistes, Amen!“ (Schwaben, Bayern, Böhmen)

An Muskelschwund erkrankte Glieder bestreiche man mit einem Kieselstein bei wachsendem Monde. (Oberösterreich, Böhmen, Riesengebirge)

Aufgekochtes Bachwasser, in dem drei große Kieselsteine liegen, wird als Mittel gegen Husten eingenommen. (Schweiz: Simmental)

Neun glühendheiße Kieselsteine in warmem Badewasser sind ein Mittel gegen die Gicht. (Sachsen, Thüringen, Schlesien)

Gepulverte Kieselsteine, in Honig vermischt (1 Löffel Kieselstaub in 10 Löffeln Honig), werden aufgekocht und löffelweise gegen die Schwindsucht eingenommen. (Deutschland: Allgäu)

Wenn eine Mutter das Kind entwöhnt, soll sie sich auf einen Kieselstein setzen, damit das Kind „steinharte“ Zähne bekommt und überhaupt kräftiger wird. (Schlesien)

Ist die Milch „verhext“ und erhält man keine Butter beim Buttern, so gibt man glühende Kieselsteine ins Butterfaß und schüttet kaltes Wasser darauf, so daß es zischt und prasselt – das „vertreibt“ die Hexe. Oder man wirft die glühenden Kieselsteine in das Faß und schlägt dieses mit Ruten vom Kreuzdorn, nachdem man etwas Wasser vom fließenden Bach hinzugegossen hat. Jetzt muß die Hexe „ihren Bann aufheben“. (Böhmen, Ruthenien)

Hühner, Enten und Gänse brüten ihre Eier besser aus, wenn man unter ihr Neststroh einige kleine Kieselsteine legt. (Altes Bauernmittel: Oberösterreich, Niederösterreich, Steiermark, Böhmen)

Solange der Bauer Weizen oder Korn sät, soll er einen kleinen Kieselstein im Munde halten. (Baden, Nassau, Bayern)

Hat ein Tier „das Schwinden", so bestreicht man das betreffende Glied im zunehmenden Mond mit einem Kieselstein und legt ihn dann wieder an seinen Platz zurück. (Westböhmen)

Damit die Kuh trächtig bleibt, fährt man ihr mit einem im Bach oder unter der Dachtraufe gelegenen Kieselstein öfters über den Rücken und legt den Stein wieder an seinen Platz zurück. (Pfalz, Rheinland)

Wird das Kalb von der Kuh weggeführt, legt man ihr einen aus dem Bach frisch geholten Kieselstein in die Futtertraufe. Die Kuh hört sofort zu brüllen auf und gibt bald reichlich Milch. (Schlesien)

Rheinkiesel in einem Säckchen auf der Brust getragen, hilft gegen entzündete Augen. (Nach Buschan)

GEDICHT VOM KIESELSTEIN

Apfel, Birne, Flieder, Nuß
Strahlungsfrei man pflanzen muß.
Gib daher beim Pflanzen acht,
Wo des bewegten Wassers Macht
Wirkung übt durch seinen Strahl,
Daß krankt der Wuchs, die Blätter fahl.
Deshalb mußt Du beim Pflanzen wissen,
Wie im Boden Wasser fließen!
Rute nur und Pendel künden,
Wo wir solche Wasser finden;
Auch die vorgestreckte Hand
Fühlend oft das Wasser fand.
Wer jedoch auf solcht Weis'
Wasser nicht zu finden weiß,
Lege unters Bäumchen klein
Einen großen Kieselstein,
In die Grube, auf die Scheibe,
Daß die Strahlung er vertreibe.
So schützt er Bäumchen und den Ort,
Nimmt sogleich die Strahlung fort.
Schau Dich um daher im Garten:
Wo kranke Bäume auf Dich warten,
Trage Kieselsteine her,
Jeder drei bis vier Kilo schwer,
Einen zu jedem Baum, und ich möcht' wetten,
Du kannst so manchen Obstbaum retten!

Adolf Flachenegger

SONSTIGES

Zu den Kieselsteinen gehören auch die folgenden Steine:

IRRSTEINE sind lichte Steine mitten im Wald, mit dem wesentlichen Merkmal eines dunklen Streifens. Ihren Namen haben sie davon, daß sie den Menschen in die Irre führen. (Pfalz)

Wenn Irre nachts an einem Irrstein lecken, werden sie wieder gesund. (Niederösterreich)

HERRGOTTSSTEINE sind weiße, zuweilen mit rötlichen Streifen versehene Steinchen, die in Flußbetten oder auf Feldern zu finden sind. Man sagt, sie seien vom Himmel herabgefallen. Nach einer anderen Version spielte das Jesuskind mit ihnen. Wer einen solchen Stein in der Tasche bei sich trägt, fällt nicht oder nimmt, sollte er doch zu Fall kommen, davon keinen Schaden. (Österreich, Deutschland)

Im Hause aufbewahrte Herrgottssteine halten den Blitz ab, bringen der Familie Glück und in erster Linie Gesundheit. (Österreich, Süddeutschland)

Kinder legen sie auch gerne zu Bildstöcken. (Österreich, Süddeutschland: Schwaben)

LAPISLAZULI

Im Unterschied zu anderen Edelsteinen besteht der Lapislazuli aus mehreren Mineralien, nämlich Lasurit, Calcit, Augit, Hornblende und Pyrit. Die für die Namengebung ausschlaggebende blaue Farbe stammt vom Lasurit: „lapis“ ist das lateinische Wort für Stein, „azul“ das arabische für blau. Der Stein kann ungleichmäßig gefärbt und in den Farbspektren Violettblau, Blau bis Grünblau vertreten sein. Die weißen Streifen und Nester sind Calcit. Strich: hellblau, Härte 5,5.

ANWENDUNG

Dioskurides empfahl diesen Stein gegen die Bisse der Schlangen und Skorpione.

Trägt man den Lapislazuli bei sich, so stärkt er nicht nur die Augen, sondern er erquickt auch das Herz. Aufgelöst und richtig zubereitet, führt er ohne die mindeste Gefahr den melancholischen Saft ab. (Alter Volksglaube)

Den Kindern, die ihn um den Hals tragen, vertreibt er die Furcht. Gegen Nierenschmerzen und Engbrüstigkeit wirkt das Trinken des einem Theriak (Kräutertrank) beigemischten gepulverten Steines. Die herzstärkende Wirkung des Lapislazuli kommt zur Geltung, wenn der Stein in der Herzgegend getragen wird. (Nach Buschan)

LUCHSSTEIN, LIGURIUS

Der Luchsstein ist primär ein mythologischer Stein, seine Geschichte weist nach Griechenland. So bedeutet das griechische „Lyngurion“ Luchsharn, von dessen Ursprung und Versteinerung allerlei Fabeln überliefert sind.

VOLKSGLAUBE

Es wird erzählt, daß der Luchs um die Zauberkräfte seines Urins Bescheid wisse und ihn deshalb verscharre. Dabei wird er zu Stein, der nur von Wissenden ergraben und zu wirkungsvollen Amuletten verarbeitet werden kann.

„Der Stein entsteht um die Zeit, in der die Sonne recht heiß brennt und die Luft leicht und hell ist; dann freut sich das Tier über die Wärme und Reine der Sonne und über die Annehmlichkeit der schönen Luft. Dies hat auf den Urin solch Einfluß, daß er heiß wird. Will das Tier pissen, kratzt es ein Loch in die Erde, läßt den Urin hinein, aus dem der Ligurius auskristallisiert, ein zarter hübscher Stein, in welchen die sommerliche Heiterkeit des Tieres übergegangen ist.“ (Hildegard von Bingen)

ANWENDUNG

Die legendäre Entstehung aus dem Urin des Luchses ließ den Stein zu einem Heilmittel gegen Augenschwäche werden. Mit diesem Stein bekommt man „Luchsaugen“, die sprichwörtlich bis heute als besonders gut gelten.

Dioskurides teilte die erwähnte Herkunftsgeschichte dieses Steines nicht. „Lyngurion. Der Urin des Luchses, welcher Lyngurion genannt wird, verwandelt sich, so glaubt man fälschlich, sofort, nachdem er gelassen ist, in einen Stein; er hat daher auch eine unwahre Geschichte; denn es ist der von Einigen so genannte federntragende Bernstein, welcher mit Wasser getrunken dem Magen und dem vom Flusse angegriffenen Bauche gut thut.“

Nach Plinius beseitigt der Ligurius Blasensteine.

GESCHICHTE

Bei Theophrast ist Lyncurium ursprünglich nichts anderes als ein Name für den Bernstein. Diesen brachten ligurische Händler, deren Land, die Pogegend, einst der Stapelplatz für den aus dem Norden kommenden Bernstein war, nach Griechenland.

Die Kenntnis der Identität von Bernstein und Ligurius ist im Altertum nie bezweifelt worden und auch nicht verlorengegangen. Viele Autoren nennen Ligurius als Synonym für Bernstein. Erst im Mittelalter wurden die Begriffe „Bernstein“ und „Ligurius“ getrennt, und letzterer dürfte auf einen Stein übergegangen sein, der heute unserem Hyazinth (Zirkon) entspricht. Auch Belemniten wurden im Mittelalter als Luchssteine bezeichnet und gerne als Heilmittel benutzt.

MAGNETIT, MAGNETEISENSTEIN

Alle Magnetite richten sich in einem Magnetfeld aus, einige von ihnen können selbst kleinere eiserne Gegenstände anziehen. Magnetite entstehen auf vulkanischen Gesteinen, und bei Temperaturen zwischen 400–600 Grad Celsius wird den Steinen auf Dauer die magnetische Orientierung aufgeprägt, die zu ihrer Entstehungszeit dem magnetischen Feld der Erde entspricht. Von allen Gesteinsmaterialien ist dieser Stein dank seines hohen Eisengehaltes am meisten dazu befähigt, eine Magnetisierung aufzunehmen und zu bewahren. Magnetit ist ein metallisch glänzendes, undurchsichtiges, schwarzes Eisenoxid mit schwarzem Strich, einer Mohshärte von 5,5 und einem muscheligen, spröden Bruch. Den Magneteisenstein findet man sowohl in Kristallen als auch in derbkörnigen Aggregaten.

Frühe Berichte von magnetischen Bergen, an denen dem Wanderer die Nägel aus den Schuhsohlen gezogen wurden, sind Ausdruck des ratlosen Erstaunens über die geheimnisvolle Kraft dieses Steines. Sein Name bezieht sich auf die Stadt Magnesia, deren Lage jedoch ungewiß ist.

ANWENDUNG

Nach dem indischen Lapidarium des Narahaxis schmeckt der Magnetit streng und trocken. Er ist warm, heilt Gelbsucht und Geschwüre, wirkt gegen Schleim und Galle und ist für Männer ein unübertreffliches Elixier.

Seine magnetische Kraft wurde in Indien als Mittel benutzt, um Eisenteile, wie Pfeil- und Dolchspitzen, aus dem Körper herauszuziehen. Auch soll der Stein die Geburt fördern, wenn eine Frau ihn während der Wehen an ihrer rechten Brust befestigt hat. (Nach Buschan)

Aus einem „Steinbuch" des Jahres 1529: „Ist gut denen/ die eine Nadel oder Eisen verschlucket haben/ und wirket purgierend bei Wasserseuch." (Nach Buschan)

Dioskurides schreibt ähnlich und läßt von dem Steine drei Obolen Staub in Aqua mulsa (drei altgriechische Gewichtseinheiten Honiglösung) einnehmen.

Plinius unterschied fünf Sorten von Magneteisensteinen, von denen alle als Augenheilmittel nützlich sein sollen.

Der byzantinische Philosoph und Staatsmann Psellus weiß, daß der Stein die Melancholie heilt.

Im Sinne der damaligen Zeit erteilt die Orphische Lithika dem ängstlichen Manne Ratschläge, wie er mit diesem Stein die Treue erproben kann. Die Übersetzung lautet:

ANWENDUNG

Doch ich ermahne weiter dich noch, zu erforschen die Gattin,
Ob sie das eigene Lager noch heilig bewahrt und den Leib vor anderem Manne.
Bringe herein den Stein und verbirg ihn unter die Bettstatt,
Leis ein bezauberndes Lied hinsummend für dich mit den Lippen;
Und wie sehr auch in lieblichen Schlaf entschlummert sie sein mag,
Breitet den Arm sie um dich, und an dich sich zu schmiegen verlangt sie.
Reizte sie die Göttin jedoch, Aphrodite, mit frevelhaft Lüsten,
Alsdann stürzt sie heraus und liegt auf dem Boden gestreckt da.

Nach arabischen Lapidarien soll die Gebärende den Stein bei schwieriger Entbindung umhängen oder in die Hand nehmen, sie wird bald und mit weniger Schmerzen gebären.

Hat jemand verrostetes oder vergiftetes Eisen verschluckt oder wurde er mit solchem Eisen verwundet, trinke er den Stein gepulvert mit Milch oder lauwarmem Wasser. Er wird alles Gift sogleich erbrechen. Auch zieht der gepulverte Stein, sofern er mit der Milch einer unberührten Frau gemischt ist, alles Eisen aus dem Körper, wenn das Gemisch dort aufgetragen wird, wo das Eisen eindrang.

Hängt man bei Gedächtnisschwund einen kleinen Magneten um den Hals, so bessert sich die Vergeßlichkeit. (Arabische Lithotherapie)

Reisende werden besänftigt, wenn mit einem speichelbefeuchteten Magnetstein über deren Stirn gestrichen wird. (Nach Hildegard von Bingen)

Paracelsus hat mit dem gepulverten Stein ein berühmtes Pflaster hergestellt, das bei allen Arten von Wunden geschätzt war.

GESCHICHTE

Der Magneteisenstein wurde in der Antike zu den Edelsteinen gezählt und kam in den ältesten Zeiten aus Indien nach Ägypten.

ABBILDUNG

Siehe Tafelteil, Seite 116 und 117.

MALACHIT

Der dekorative, smaragd- bis schwarzgrüne Malachit ist ein Verwitterungsprodukt von Kupfererzen. Das Mineral entwickelt auffällig glänzende, nadelige Kristalle, die sich zu radialstrahligen Aggregaten gruppieren. Häufiger jedoch sind derbe, traubig-nierige Massen mit glaskopfartiger Oberfläche. Malachit ist undurchsichtig, hat einen hellgrünen Strich, einen splittrigen Bruch und eine Mohshärte von 3,5–4.

ANWENDUNG

In den Papyri wird er als Arzneimittel in pulverisierter Form empfohlen. Die arabischen Ärzte verabreichten ihn gepulvert als Brechmittel bei Vergiftungen. (Nach Buschan)

Nach Dioskurides hat der Malachit einen leicht ätzenden, adstringierenden und austrocknenden Charakter.

Mit Wasser und Öl vermengt, eignet sich der Stein zum Reinigen von Wunden. Allein aufgelegt, zieht er die Wunden zusammen. Bei Atemnot verabreiche man den geriebenen, mit Honig vermischten Stein. Der Malachit wird auch den Augensalben zugesetzt. Hier lindert er die Augenschmerzen. (Nach Plinius)

Über die medizinische Bedeutung des Steins schreibt H. Zeller, 1739: „Es werden diesem Stein ganze Haufen Tugenden beigelegt/ und sollen sie ganz gut seyn/ wie Spießglanz zum Purgieren von oben/ und von unten/ wenn der Molake [Malachit] fein zerstossen/ und auf sechs Gramm eingenommen wird. Sie sollen auch Herzbangigkeit/ und die Kolik vertreiben/ und der Weiber Reinigung zuwege bringen. Auch tut der Molake das Blut verstellen/ wenn er auf die offene Wunde mit seidenen Fäden gebunden wird/ alte Schäden/ die schier nicht mehr gut wollen werden/ reiniget der Molake/ und macht sie wieder verharschen/ wenn sie offen zu tage gelegen sind. Das Zucken und Ziehen in den Gliedern/ was sehr schmerzhaft ist/ und verhindert/ daß man eine Reise tut/ weil man weder Roß noch Wagen besteigen kann/ verhindert der Molake/ wenn man ihn auf die schmerzhaften Gelenke bindet." (Nach Buschan)

Malachitsteine in Silber gefaßt und der niederkommenden Frau um den Leib gebunden, gelten auch heute noch als geburtsförderndes Mittel. (Nach Buschan)

Auch um das Zahnen der Kinder zu erleichtern, wird der grüne Malachit von Frauen und Hebammen sowie von Ammen in Form von Ringen oder als Halsketten getragen. (Alter Volksbrauch)

VOLKSGLAUBE

Hebammen wissen, daß der Stein das Glück in der Kundschaft fördert.

GESCHICHTE

Wegen der reichen Kupferminen auf der Halbinsel Sinai war der Malachit den alten Ägyptern schon früh bekannt. Damals liebten es die Frauen, die Ausdruckskraft ihrer Augen mit einer Mischung aus Malachitpuder und Roteisenocker zu unterstreichen.

ABBILDUNG

Siehe Tafelteil, Seite 118 und 119.

NATURSTEIN

ANWENDUNG

Wer in Oberösterreich an Zahnweh litt, ging zu einer „Wenderin“. Diese führte den Leidenden in ihren Keller und ließ ihn barfuß auf einem großen Naturstein, der schon jahrelang im Keller lag und weder von Sonne noch Mond beleuchtet sein durfte, stehen. Die Wenderin fuhr dreimal mit den Händen vom Kopf bis zu den Füßen abwärts, dabei jedesmal ein Vaterunser betend, wodurch der Zahnschmerz abgeleitet und auf den Stein übertragen wurde.

NEPHRIT

Da der Nephrit unser zähestes Mineral ist, wurde er schon in prähistorischer Zeit zu Werkzeugen und Waffen verarbeitet. Diese außerordentliche Zähigkeit verdankt er den verfilzten, zur Hornblendegruppe gehörenden Strahlsteinfasern. Chemisch betrachtet, setzt sich der Stein aus Calciummagnesiumsilikat zusammen. Früher wurde er wegen seiner nierenförmigen Form gegen Nierensteine eingesetzt, daher auch der Name Nephrit. Das ist griechisch und bedeutet soviel wie „Stein gegen Nierensteine". Seine Farbe ist durchaus ansprechend und reicht von lauchgrün bis zu einem grünlichen Grau. Härte 6–6,5; splitteriger Bruch.

ANWENDUNG

Nephrit ist ein Stein der Gebärenden. Keilschriften berichten, daß er schon im dritten oder vierten vorchristlichen Jahrtausend von den vorsemitischen Bewohnern Südmesopotamiens als Geburtsamulett getragen wurde.

Auch Dioskurides erwähnt den Stein, der – als Amulett an den Oberschenkel der Gebärenden gebunden – deren Schmerzen lindert und die Geburt beschleunigt.

In Oberbayern verwenden die Hebammen noch heute die grünen Steine bei den niederkommenden Frauen zur Förderung der Geburt. (Nach Buschan)

Auch bei den südamerikanischen Ureinwohnern wurden durchbohrte Nephrit- bzw. Jadestücke als kostbarste Amulette bei Geburten gefunden.

Die alten arabischen Ärzte empfahlen den Nephriten bei Verdauungsstörungen, Blasenleiden und Nierenerkrankungen. Auch die Mexikaner verwendeten den Stein gegen Blasenleiden und Nierenerkrankungen. So konnten die Spanier bei den Eingeborenen Mexikos die Verwendung von Nephriten als Amulette beobachten, die „piedra de los rinones" (Nierensteine) genannt wurden.

Galen: „Der grüne Jaspis, umgehängt, ist dem Magen und der Cardia nützlich. Man faßt ihn auch in Ringe und schneidet einen strahlenhaltenden Drachen ein, wie König Nechepsos beschrieben. Es zeigt sich dabei, daß, wenn die aus diesen Steinen hergestellte Halskette die Gegend der Cardia berührt, sie auch ohne Gravierung nützlich sind."

Der Nephrit wirkt auf den Magen und die Gebärmutter. Er heilt Wassersüchtige, wirkt heilsam bei Entzündungen und befreit vom Schmerz. (Nach Aetius)

Der holländische Arzt Angerius Clutius berichtet in seiner Dissertation (1627) ebenfalls von den Heilwirkungen des Nephriten.

VOLKSGLAUBE

Bei den Chinesen gilt der Nephrit als wichtigster Edelstein, da er bei der Geburt des Konfuzius erwähnt wird: „Zur Mutter derselben, die ihrer Entbindung nahe war, kam das heilbringende Wundertier Ki-Lin und überbrachte ihr einen Yu-Stein (= Nephrit), auf dem die frohe Prophezeiung über den Sohn, den sie gebären werde, eingegraben stand."

VOLKSGLAUBE

Der grüne Jaspis ist nach Orpheus' Lithika und Daimigeron ein Regenbringer.

Nach Al-Kazwini gewährt der Nephrit dem Träger dieses Steines die Macht über seinen Partner. Daher tragen ihn Könige stets in ihren edelsteinbesetzten Gürteln. Dem Durstigen, der den Stein in den Mund nimmt, stillt er den Durst.

Bei späteren Autoren unterdrückt der Nephrit alle sexuellen Begierden und verhindert den Beischlaf. Ist dieser trotzdem eingetreten und wirkte befruchtend, beugt er dem Abortus vor und erleichtert die Geburt.

Als Donnerstein schützt er vor Blitzgefahr, vertreibt er böse Geister und Dämonen.

ONYX

Onyx ist eine Varietät des gestreiften Chalcedons, bei dem weiße und schwarze oder weiße und dunkelbraune, selten auch rote, scharf begrenzte, gerade oder konzentrische Streifen miteinander abwechseln.

Das griechische Wort „onyx" (Kralle, Nagel) bezeichnet nach Theophrast einen Stein von den Farben des Fingernagels, hellrosabraun und weiß gebändert. Später wurden unter Onyx noch viele andere gebänderte Achatarten verstanden.

ANWENDUNG

Aus gebranntem Onyx wurden Pflaster bereitet, die nach Dioskurides und Galen Schwellungen zerteilen, Magenschmerzen lösen und das wuchernde Zahnfleisch zurückdrängen.

Wenn bei den altarabischen Autoren der Onyx als „Stein der Trauer und des Kummers" bezeichnet wird, so deshalb, weil sie einen Onyx in ihren Landen fanden, der schwarz und mit weißen feinen Linien oder Bändern durchzogen war. Aussätzige berührten ihn in dem tiefen Glauben, durch ihn geheilt zu werden, Sklaven erhofften durch dessen Berührung Befreiung von ihrem harten Los. Wird er den Kindern um den Hals gehängt, bekommen diese Speichelfluß, werden im Schlaf unruhig und weinen. Den Stein zwischen zwei Leute gelegt, erzeugt bei diesen Verdruß, Mißverstehen bis heftige Feindschaft. Dieses „Auseinanderbringen" ist nur von Vorteil bei Gebärenden, da sich das Kind leichter vom Mutterleib löst.

Wer den Onyx lange ansieht, bekommt Sorgen, und es wird ihm eng um die Brust, weil der Stein die Eigenschaft besitzt, „die schwarze Galle in Bewegung zu setzen". (Nach Albertus Magnus)

Um die negativen Wirkungen des Onyx zu neutralisieren, bediene man sich zusätzlich des Sarders. (Nach Marbod)

Nach manchen Autoren stammt der Onyx gleich dem Bernstein von einem Harz. Er soll daher gegen Räudigkeit und Krätze wirksam sein und das Antlitz weiß machen. Ins Feuer gelegt, verbreite er einen lieblich-süßen Duft.

ABBILDUNG

Siehe Tafelteil, Seite 96 und 97.

OPAL

Der seltene, kristalline Edelstein entsteht in der anorganischen Natur dort, wo Silikatgesteine von heißen Wässern zersetzt werden. Für sein Wachstum braucht er ruhige Bedingungen, das heißt praktisch unbewegtes Wasser. Infolge der gleichmäßigen Größe der einzelnen Kolloidkörperchen können sich diese als regelmäßige Kugelpackung mit Wasser in den Spalten der Gesteine und Hohlräume ablagern.

Als Biomineral wird Opal von einzelligen Algen, den Diatomeen, aber auch von höheren Pflanzen gebildet. Im Sinne der Mineralogie handelt es sich bei diesen Substanzen nicht um kristalline, sondern um amorphe Formen des Siliziumdioxids. Die zur Bildung der Opalausscheidungen notwendige Kieselsäure stammt letztlich aus der Verwitterung von Silikatmineralien der Lithosphäre.

Opal ist meist farblos, kann aber durch entsprechende Beimengungen auch gelb, grün, rot, braun oder schwarz gefärbt sein. Farbige Sorten sind Schmuck- und Sammlersteine. Strich weiß; Mohshärte 5,5–6,5; Bruch muschelig.

VOLKSGLAUBE

Plinius berichtet nichts über die Heilwirkung des Opals. Nach späteren Autoren hat der Stein, unter dessen Regenbogenfarben sein Grün besonders leuchtet, einen wohltuenden Einfluß auf die Augen. Das ist auch in den Orphischen Lithiken nachzulesen.

Nach Daimigeron, Marbod, Arnoldus Saxo wird der Opalträger nicht nur nie augenleidend, er bekommt vielmehr ein scharfes Auge.

Der „Augenstein" Opal trägt auch den Namen „pupillus". Weiters versteckt er sich hinter dem heiligen „iaknastein" der Edda, den der Schmied Völmdr aus Kinderaugen fertigte. (Nach Grimm)

Der Opal ist wahrscheinlich wegen seiner Zerbrechlichkeit zum Unglücksstein gestempelt worden. Es kommt auch vor, daß er Wasser verliert, daher schrumpft und aus der Ringfassung verlorengeht. Trotzdem schätzten die Römer diesen Stein besonders, nur der Smaragd soll noch wertvoller gewesen sein.

ABBILDUNG

Siehe Tafelteil, Seite 120 und 121.

RUBIN

Rubin ist unter den Korunden der begehrteste Stein. Zwar gehört der Saphir ebenso in diese Familie, doch ist der Rubin viel seltener und dementsprechend wertvoller; nur Diamant wird noch teurer bezahlt. Dieser Edelstein hat seinen Namen von der roten Farbe, lateinisch „rubeus“, und diese den geringen Chrombeimengungen zu verdanken. Die Farbe selbst wirkt lebhaft und reicht je nach der Durchstrahlungsrichtung vom blassen Rosa bis zum tiefsten Karminrot. Mit einer Mohshärte von 9 ist Rubin nach Diamant das härteste Mineral, der Strich ist weiß.

GESCHICHTE

Die Araber erkannten zuerst die Verwandtschaft zwischen dem Rubin und dem Saphir. In diese Gattung reihten sie auch unseren heutigen gelben, orientalischen Topas und den weißen Saphir, den sogenannten Leukosaphir, ein. Al-Kazwini beschrieb ebenfalls einen grünen Stein, der unserem heutigen orientalischen Smaragd entspricht. Unter „jakut“ aber verstanden die Araber den edelsten und seltensten der Korundvarietäten, den purpur- bis karminroten Rubin. Nach ihrer Überlieferung soll die Insel Serandib (Ceylon) mit dem Pic Adam, dem Berg „auf dem Adam seinen Fuß zuerst aufsetzte, als er aus dem Paradies herabstieg“, Hauptfundort des Rubins sein.

ANWENDUNG

Bei Aristoteles, „De lapidarum“, ist der Rubin unter Hyazinth angegeben: „Einer ist rot (rubens), wie das reinste Blut, und heißt rubinus. Dieser ist der beste von allen.“

Der Rubin ist bei den Indern der geschätzteste Edelstein und hat fünfzehn Namen, wie beispielsweise „König der Edelsteine“ und „der Sonne geweihter Edelstein“. In der indischen Lithotherapie wird er, zu Pulver zerrieben und gebrannt, gegen Winde und bei Gallenbeschwerden sowie als Elixier gebraucht.

Ibn al-Beithar erwähnt aus dem Werke „Herzstärkende Mittel“ von Avicenna folgende Stelle: „Er besitzt die Eigentümlichkeit, das Herz zu erfreuen und zu stärken. Er ist ein wunderbares Antidot gegen Gifte. Es scheint, daß diese Eigenschaft nicht an die Teile des Steins gebunden ist, sondern daß sie sich offenbart wie beim Magnet die Eigenschaft, das Eisen anzuziehen. Was den Ort seiner Wirkung anlangt, so ist es offenbar, daß der Stein mit dem Blute zum Herzen gelangt; je näher er der kranken Stelle angewandt, um so wirksamer ist er. Die Alten haben von der aufheiternden Eigenschaft des Steines gesprochen, welche zur Geltung kommt, wenn man ihn trägt, besonders aber, wenn man ihn im Munde hält. Dies beweist, daß der Rubin, um Freude zu erzeugen, es nicht nötig hat, eine Umwandlung seiner Bestandteile zu erleiden; daß er nicht mit den innerlich erkrankten Teilen in Berührung zu kommen braucht; es genügt, daß sein aktives Prinzip sich von ihm loslöst.“

Der Stein wirkt gegen Blutungen und verhindert beim bloßen Tragen die Gerinnung des Blutes. (Nach El Basry)

ANWENDUNG

Im „Biblischen Edelsteinbüchlein" des Jacobus Schopper zu Nürnburg, 1614, wird unter „Karfunkel" a) der orientalische Karfunkel; b) der Rubin, so man ihn Spinellum nennt; c) der Granitstein und d) der Balasius verstanden. Es heißt in diesem Kapitel:

„Der Carbunkel ist der herrlichste Edelstein/ hat alle Tugent und Krafft an sich/ welche den andern Edelgesteinen samptlichen zugeygnet werden. Fürnemlich aber/ sind sein eygen Kraefft/ daß er der Geylheit und Pestilentz widerstehet/ sonderlich wenn man ihn gepuelffert einnimbt/ beschützet er den Leib fuer Pestilentzischer Gifft/ nimbt hinweg forchtsamkeit und boese Gedancken/ machet den Menschen frewdig/ froelich und glueckhafftig. Der Rubin aber/ dienet fuer böse Traeume/ und wer in die Sonne gesehen/ und das Gesichte darvon verderbet hat/ der soll mit dem Rubin seine Augen reyben/ und wischen/ so erklaert er ihm widerumbt das Gesicht. So auch jemandt den Rubinstein reibet an den Haaren/ auff den Kopff/ so zeicht er die Rißlein oder Schieffern an sich/ als der Magnet das Eysen."

ABBILDUNG

Siehe Tafelteil, Seite 122 und 123.

SAPHIR

Der zur Korund-Gruppe zählende Saphir ist ein Aluminiumoxid, dem Eisen und Titan sein tiefes Blau verleihen. Es gibt zwar gelbe, grüne und violette Varianten, doch werden mit Vorliebe die blaufarbenen „Saphire" genannt.

Weltweit liefert heute Sri Lanka etwa die Hälfte aller Saphire. In der Region von Ratnapura sucht man sie immer noch wie vor 2000 Jahren, indem man den Kies der Flüsse wäscht. Die Mohshärte des Minerals ist 9, sein Strich weiß und der Bruch muschelig.

GESCHICHTE

Zu allen Zeiten ist der Stein mit der göttlichen Natur in Verbindung gebracht worden. So glaubten die Perser, daß die Welt auf einen Saphir gesetzt sei, dessen strahlender Glanz das Blau des Himmels ist. Da der Stein als ein Sinnbild der Weisheit, der universellen Intelligenz und der spirituellen Erleuchtung galt, war er in alter Zeit nur den Herrschenden, den Priestern und den Weisen vorbehalten. Der ägyptische Oberpriester trug ihn zum Zeichen seiner Würde an der Brust, der jüdische Hohepriester in seinem Amtsschildlein, und die Priester des Jupiters trugen ihn als Symbol des leuchtendblauen Himmels, dem Sitze Jupiters. Bei den Okkultisten war er das Symbol für den Planeten Jupiter, auch den Buddhisten galt er als heilig und im Besitz von magischen Kräften.

Der Name Saphir (hebräisch „sappir") ist bereits im Alten Testament, in der Septuaginta, überliefert. Allerdings wurde der eigentliche Saphir im Altertum Hyazinth genannt. Die Griechen und Römer wiederum verstanden unter Saphir den blauen, undurchsichtigen und goldpunktierten Lapislazuli.

ANWENDUNG

Von Dioskurides erfahren wir, daß der Saphir, in pulverisierter Form innerlich eingenommen, bei Skorpionstichen und bei Darmgeschwüren von Nutzen sei, äußerlich aufgelegt bei entzündlichen Anschwellungen von Conjunctiva (Augenbindehaut) und Cornea (Hornhaut des Auges).

Im 5. Jahrhundert schreibt Daimigeron: „Der Saphir ist von Gott großer Ehren teilhaftig geworden. Könige tragen ihn auf der Stirne, denn er gewährt großen Schutz. Er bewahrt den Menschen vor jeglicher Mißgunst, erhält den Körper gesund und in guter Farbe, vermindert, umgebunden, den zu reichlich fließenden Schweiß und entfernt vom Träger die zu große Hitze der inneren Organe. Zerrieben und in Milch aufgelöst und dann aufgelegt, ist er ein Heilmittel bei alten Geschwüren und heilt Stirnschmerzen und Augenfisteln. Mit Milch getrunken, beseitigt er Leibschmerzen, und sollte jemand eine Wunde in den Eingeweiden haben und man reibt ihm den Leib mit dem mit Milch zerriebenen Steine ein, so wird er genesen. Bei Wunden an der Zunge bestreiche man in gleicher Weise mit dem zerriebenen Steine, und es wird eine Heilung eintreten. Zerrieben und mit Milch vermengt aufgeschmiert, heilen alle alten und frischen Wunden … Wer aus diesem Steine einen Skarabäus schneidet, wird die Zukunft richtig erahnen … Er wird wohlgefällig sein Gott und den Menschen, wenn er den Stein in Keuschheit trägt."

ANWENDUNG

Sowohl der Bischof Epiphanios als auch der Arzt Aetius schreiben in gleicher Weise.

Wenn eine Frau wider ihren Willen von der Liebe eines Mannes belästigt wird, so gieße sie dreimal Wein über einen Saphir und spreche: ego vinum hoc in ardentibus viribus semper super te fundo, sient Deus splendorem tuum, praevaricante angelo, abstraxit, ut ita amorem libidinis ardentis viri huius de me abstrahas. (Ich gieße diesen Wein mit hitzigen Kräften über dich, wie Gott deinen Glanz, pflichtvergessener Engel, abnahm, damit du so die begierliche Liebe dieses brennenden Mannes von mir abziehst.) Der Mann muß dann den Wein trinken. Wenn aber auch eine Frau in Liebe zu einem Mann brennt und es diesem Mann lästig ist, soll dieser jener Frau mit dem Wein und dem Saphir tun, wie vorhin gesagt wurde, und jene entbrannte Liebe wird weichen. (Nach Hildegard von Bingen)

Wenn man mit Saphir die müden Augen bestreicht, werden sie wieder frisch und klar. (Deutscher Volksglaube)

Den Saphir an der Herzgegend getragen, erfrischt. Innere wie äußere Wunden heilen, wenn sie mehrmals mit dem Stein bestrichen werden. (Französischer Edelsteinglaube)

Ein dunkler Saphir mit roten Punkten galt als Blutstillungsmittel und wurde pulverisiert als Arznei gegeben. 1576 erwies sich der Saphir in Mexiko während einer typhusartigen Epidemie als wunderbares Mittel, besonders deswegen, weil diese Epidemie mit tödlich verlaufendem Nasenbluten einherging. (Nach Buschan)

ABBILDUNG

Siehe Tafelteil, Seite 122 und 123.

SARDER

Unter Sarder versteht man heute eine braun, gelb bis rot durchscheinende Chalcedonvarietät, also dichte Quarzaggregate, die aus mikroskopisch feinen, parallel zueinander orientierten Fasern bestehen. Schon in der Antike unterschied man eine Reihe von Chalcedonabarten. Die Mohshärte beträgt 7; chemisch gesehen, besteht der Stein aus Siliciumdioxid, der Strich ist weiß.

ANWENDUNG

Nach Epiphanios heilt der Sarder Geschwülste und Wunden.

Costa ben Luca rühmt ihn zur Vertreibung schrecklicher Traumbilder.

Der Stein macht seinen Träger fröhlich, kühn und schärft seinen Geist. (Nach Arnoldus Saxo)

Volmars Steinbuch verrät, daß der Sarder den Frauen während der Geburt hilft.

Hildegard von Bingen bestätigt dies und meint, daß der Stein bei entsprechender Anwendung auch Kopfschmerzen, Ohrenleiden und Gelbsucht heile.

SARDONYX

Ist ein Chalcedon weiß-braun oder weiß-rötlich gefärbt, nennt man ihn Sardonyx.

ANWENDUNG

Der Sardonyx verleiht den im Tierkreiszeichen des Löwen Geborenen die Kraft, alles Ungemach und alle Anfeindungen durchzuhalten. Wer ihn trägt, wird – so er ein „Löwemensch" ist – durch den Stein zu höchstem geistigem Denken angeregt und seiner ganzen Umgebung voraus sein. Der Stein regt die schöpferischen Gedanken und Konzeptionen an. Der durch Schicksalsschläge müde Träger wird mit diesem Stein wieder gestärkt. (Ohne Quellenhinweis)

Sardonyx verhilft zu einer guten Ehe, da er besondere harmonisierende Kräfte in sich birgt, die sich auf die Ehepartner übertragen. So sichert der Stein die Treue und Liebe einer solchen Beziehung. Er schützt den Träger vor „Verzauberung" durch das andere Geschlecht. (Altdeutsche, altindische und altangelsächsische Volksweisheit)

SCHLEIFSTEIN

Selbst vom Schleifstein sind heilende Wirkungen überliefert. Dieses unersetzliche „Werkzeug" ist in früherer Zeit ein runder, gleichmäßig fester und dichter Sandstein gewesen. Dabei werden die zu schleifenden Klingen von Hand an den umlaufenden, ständig mit Wasser befeuchteten Stein gepreßt.

Gesteine, die lange der Verwitterung ausgesetzt sind, werden zu Sedimentgesteinen, wobei Sandstein das verbreitetste ist. Gebildet wird Sandstein durch das Zusammenpacken von Quarzkörnern. Er ist meist deutlich geschichtet und enthält auch Ton, Kalk oder Kiesel.

ANWENDUNG

Schleifsteinwasser wird volksmedizinisch wegen des Eisen- und Kalkgehaltes gegen Schwindsucht getrunken. (Westdeutschland bis Osteuropa)

Im Lechgebiet (Bayern) werden die frischen Lärchennadeln in Schleifsteinwasser gesotten, sodann wird die abgeseihte Brühe als Abortusmittel getrunken.

SCHWEFEL

Schwefel ist in großen Mengen in der Erdkruste enthalten, häufig in Mineralien, seltener als reines Element. Die „übernatürlichen Kräfte" verdankt er seinen charakteristischen Eigenschaften: Er entsteht an Vulkanen, brennt mit einer leicht bläulichen Flamme zu einem scharfen, schleimhautreizenden, tränen- und hustenreizverursachenden Gas, dem Schwefeldioxyd.

Gediegener Schwefel ist gelb. Durch Verunreinigungen kann er aber auch grau, braun oder schwarz gefärbt sein. Der Strich ist hellgelb, der Bruch muschelig und uneben, die Mohshärte beträgt 1,5–2. Vorkommen als vulkanisches Sublimationsprodukt und auf sedimentären Lagerstätten.

VOLKSMEDIZIN

In Osteuropa bindet man bei Beginn eines epileptischen Anfalls dem Kranken einen schwefelhältigen Stein oder ein Stück Schwefel um den Hals, worauf der Anfall rasch abklingt.

VOLKSGLAUBE

Der biblische Prophet Ezechiel sieht den Satan in einem See voll von brennendem Schwefel stehen. Kein Wunder, der reine Schwefel entsteht häufig an den Rändern von Vulkanen, und diesen werden bekanntlich teuflische Kräfte nachgesagt.

ABBILDUNG

Siehe Tafelteil, Seite 124 und 125.

SILBER

In der Natur kommt Silber in Verbindungen und gediegen, meist in Klumpen verflochtener Drähte, vor. Formen, wie Bleche, Plättchen, Überzüge, massige Stücke und einseitig entwickelte Kristalle, sind selten.

Silber ist gekennzeichnet durch seinen undurchsichtigen Metallglanz, seine bekannte „silberweiße", graue, manchmal mit einem schwarzen Anflug versehene Farbe, den „silberweißen" Strich, seinen hakig dehnbaren, geschmeidigen Bruch und die Mohshärte 2,5–3.

Seine Ästhetik und das häufige Vorkommen nahe der Erdoberfläche erklären durchaus, warum Silber schon früh gewonnen wurde. Archäologen entdeckten Silberschmuck bereits in den sechstausend Jahre alten Grabstätten der chaldäischen Könige.

ANWENDUNG

Geschabtes Silber, mit Weinsteinöl vermischt und zu einer Salbe bereitet, vertreibt bei Mensch und Tier die Räude, zieht Wunden zusammen und verzehrt das faule Fleisch.

Silber stärkt das Herz, macht gutes Blut und stillt Nasenbluten.

Dem durch mehrere Generationen in gerader Linie vererbten und getragenen Familiensilber werden in der Volksheilkunde besondere Heilkräfte beigemessen. Ohrringe aus „Erbsilber" bringen die heftigsten Zahnschmerzen zum Abklingen. Weiters wird es gegen Krämpfe aller Art und gegen Fallsucht (Epilepsie) angewendet. Vor allem mildert es die argen, krampfartigen Geburtswehen.

In Schwaben gelten Silberringe als Mittel gegen weißen Fluß (Fluor albus), aber nur, wenn sie in der beschwerdefreien Zeit nicht getragen werden.
Auch legt man Kindern Silberkettchen um, damit das Zahnen schmerzloser vor sich geht.

SONSTIGES

Einem Obstbaum, der nicht tragen will, steckt man eine Silbermünze oder ein silbernes Plättchen entweder in einen Rindenschlitz des Stammes, oder man bindet dieses an eine Wurzel. (Mecklenburg)

Silber gehört zu jenen Metallen, mit denen man Heilkräuter ausgraben soll, unbedingt aber das Eisenkraut.

SMARAGD

Smaragd ist der edelste Stein unter den Beryllen und nach dem Diamanten und dem Rubin auch der wertvollste. Sein tiefes Grün verdankt er Spuren von Chrom. Im Gegensatz zu den übrigen Beryllvorkommen findet man Smaragde in Schiefern oder in Calcitadern von bituminösen Kalksteinen. Seine Mohshärte beträgt 7,5–8, sein Strich ist weiß und der Bruch muschelig.

Smaragde waren in der antiken Gesellschaft bedeutende Statussymbole. Das abendländische Mittelalter besaß angeblich nur wenige Exemplare, und diese zierten bevorzugt „heilige Stätten“. Erst durch die Eroberung Südamerikas wurden in Europa die Smaragde häufiger, da in großen Mengen die sagenumwobenen Schätze der Inkas und Azteken zu uns gelangten.

ANWENDUNG

Medizinische Angaben über den Smaragd sind zuerst bei Theophrast zu finden, der ihn als nützlich für die Augen beschreibt.

Plinius berichtet ausführlicher: „Wenn die Augen durch Anstrengung geschwächt sind, werden sie durch das Anschauen des Steines wieder gestärkt. Sein sanftes Grün vertreibt die Mattigkeit aus den Augen.“

Müde und trübe Augen werden wieder klar und rein, wenn man sie mit Smaragd bestreicht. (Deutsche Volksmedizin)

Der zerriebene Stein wird mit Honig vermischt und äußerlich gegen Augenkrankheiten und bei Elephantiasis (unförmige Anschwellungen von Körperteilen als Folge von chronischer Lymphstauung) angewendet. Innerlich eingenommen, heilt er letztere Krankheit sogar von Grund aus. Weitere Anwendungsmöglichkeiten: Behandlung von giftigen Tierbissen und als Blutstillungsmittel. (Nach Aetius)

Ibn al-Djezzar: „Der Stein möge den Gebärenden an den Schenkel gebunden werden, dies beschleunige die Geburt. Wird dem Neugeborenen dieser Stein dann sogleich um den Hals gehängt, bewahrt er diesen vor Epilepsie.“

Aus dem indischen Steinbuch des Narahaxis erfahren wir, daß der Smaragd bei Vergiftungen wirkt. Er ist kalt und schmeckt süß, ist laxativ, beseitigt akute Dysenterie (Ruhr), wirkt gegen unangenehme Gallenreize, fördert den Appetit, schafft Wohlbefinden und vernichtet dämonische Einflüsse.

Arnoldus Saxo fügt hinzu, daß der Stein Gedächtnisschwäche heile und Halluzinationen beseitige.

Ob die Angabe, der Smaragd sei ein Mittel gegen Augenschwäche, daher rührt, daß Theophrast ihn mit dem Malachit verwechselte? Der grüne Malachit (ein Kupfercarbonat) und Grünspan war tatsächlich ein Bestandteil der altägyptischen Augensalben nach dem Papyrus Ebers.

Der Smaragd wurde auch bei den verschiedensten Frauenkrankheiten angewendet, und es wird Epileptikern angeraten, ihn zu tragen. (Nach Buschan)

GESCHICHTE

Ob Smaragd wirklich der erste Edelstein war, mit dem die Völker des Abendlandes bekannt wurden, möge dahingestellt bleiben. Nach Herodot war es der Stein im berühmten Ring des Tyrannen Polykrates. Er dürfte aus den uralten ägyptischen Edelsteinminen am Berge Zaburah, nahe der heutigen Hafenstadt Kosseir, stammen.

Die Alten verstanden unter dem Namen Smaragd verschiedene Steine und verwechselten sie oftmals. Dieser Umstand wird deutlich aus Herodots Bericht, daß er im Heraklestempel zu Tyrus eine leuchtende Säule aus Smaragd gesehen habe. Weiters aus der Beschreibung von Theophrast, welcher berichtet, daß der Smaragd dem Wasser seine Farbe mitteile. In beiden Fällen handelt es sich aber wahrscheinlich um den Malachit.

VOLKSGLAUBE

Der Umstand, daß Smaragde leicht zerbrechlich sind, hat sich auch in entsprechender Weise im Volksglauben niedergeschlagen. Es heißt, daß er der Stein der Wahrheit sei und daß er in Anwesenheit von Lügnern zerbricht. Verknüpft mit der ehelichen Treueverpflichtung ist uns folgendes überliefert: Ein König von Ungarn, es soll Matthias Corvinus gewesen sein, bemerkte beim Liebesumgang mit der Königin, daß sein kostbarer Smaragd, den er an seinem Finger trug, plötzlich in zwei Stücke zerbrach. „So sehr liebt dieser Stein die Keuschheit.“

Weiters erfahren wir aus dem „Biblisch Edelsteinbüchlein“ des Jacobus Schopper: „So leidet diser Stein kein Unkeuschheit/ also/ daß wenn einer ein Jungfraw schwaechet/ er zerspringt/ daher man auch von disem Edelgestein ein artzney macht/ wider die Philtra oder Liebtraenke/ welche die unzuechtigen weiber offt eim zuschieben.“

Dieser Stein zähmt die fleischlichen Gelüste und stärkt das Gedächtnis. (Frankreich)

Bei den Ägyptern wurde der Stein in Form eines Skarabäus getragen, auf dessen Unterseite das Bild der stehenden Isis eingraviert war. Dieses Amulett befähigte seinen Träger zur Wahrsagekunst und gewährte ihm eine überzeugend wirkende Rednergabe, vorausgesetzt, daß der Träger einen völlig keuschen Lebenswandel führte.

Für Epiphanios gehört diese Überlieferung in den Bereich der Fabel, denn nur Schwindler geben an, der Stein gewähre die Kraft, die Zukunft vorauszusehen.

ABBILDUNG

Siehe Tafelteil, Seite 106 und 107.

DER SCARABÄUS

Ein Käfer ward geschnitten
Aus einem Edelstein,
Man nennt ihn Scarabäus,
Faßt in Metall ihn ein.

Im Land der Pharaonen
Der Käfer heilig war,
Sein Abbild ward gefunden
Nach fast 4000 Jahr.

Als Ring hat ihn getragen
Manch tapferer Soldat,
Weil ihm der Scarabäus
Viel Mut gegeben hat.

Als Ring wurd' er getragen
Aus einem weisen Grund.
Es wußte damals jeder:
Der Träger blieb gesund!

Den Kopf zur Fingerspitze
Steckt man das Ringlein an,
Damit's dem Träger nütze,
Das ist k e i n leerer Wahn!

Nimm eine Wünschelrute
Und auch ein Wässerlein,
Es wird auf diesem Platze
Auch eine Strahlung sein.

Die Strahlen sind dem Menschen
Oft eine arge Pein,
Allein der Scarabäus
Stellt ihre Wirkung ein!

Dreh um den Ring am Finger,
Der Kopf zur Schulter zeigt,
Dann wirst Du sofort spüren
Wie's kalt nach oben steigt.

Und stehst Du auf den Strahlen,
Vorbei ist jeder Schutz
Dem Silber und dem Golde,
Dem Edelstein zum Trutz!

Als Brosch wird er getragen,
Der Kopf nach obenan,
Als Ohrgehäng desgleichen,
Damit er schützen kann.

Wenn hochsensible Menschen
Den Stein genau beseh'n,
Seh'n sie vielleicht den Käfer
Auch laufen oder geh'n.

Nicht jeder Stein ist passend,
Desgleichen das Metall:
Den einen schützt der Topas,
Den andern der Opal.

Der Carneol in Silber,
Der Amethyst in Gold,
Wir wollen vorerst prüfen,
Ob er der Liebsten hold.

All das lehrt uns das Pendel
Seit altersher bekannt:
Hier steckt uraltes Wissen
Aus dem Ägypterland!

Adolf Flachenegger

TOPAS

Der Topas ist einer der am längsten bekannten Edelsteine. Seinen Namen erhielt er möglicherweise von der Insel Topazos im Roten Meer, denn in der Antike wurde er mit dem dunklen Olivin – Chrysolith verwechselt. Andere Mineralogen führen seinen Namen auf „tapas" (Feuer) zurück. Man kann davon ausgehen, daß in der Antike viele gelbe Schmucksteine als „topasios" bezeichnet wurden. Der richtige, gelbe Topas wurde damals „chrysolithos" (Goldstein) genannt. Erst in den Anfängen der Mineralogie unterschied man den heutigen Topas vom Chrysolithen.

Topas ist ein Tonerde-Silikat und kommt in der Natur meist vollkommen klar, weiß oder grau vor. Erst geringe Beimischungen einiger Metalle bewirken die unterschiedlichen Färbungen. So bewirkt Chrom beispielsweise eine gelbe Farbschattierung. Topas kommt häufig in Granitpegmatiten vor, wo er bis zu 60 Kilogramm schwere Kristalle entwickeln kann. Seine Mohshärte beträgt 8, der Strich ist weiß und der Bruch muschelig.

ANWENDUNG

Bei Daimigeron wird der „lapis Topatozontes" für folgende Heilzwecke angeführt: „Wenn jemand durch einen Trunk Weines von Sinnen kommt, so gib dem Rasenden den in einem Mörser zerriebenen Stein mit Wasser zu trinken. Darauf binde ihm einen Stein dieser Art um den Hals, und er wird alsbald genesen."

Im indischen Lapidarium des Narahaxis ist der Topas dem Jupiter geweiht. Der Stein soll sauer schmecken und kalt sein. Weiters wirke er gegen Wind und soll den Appetit stärken. Den Männern, welche ihn tragen, verleihe er langes Leben, Schönheit und Verstand.

Nach Manimala wiederum hat der Topas die Kraft, sterile Frauen fruchtbar zu machen.

In der Nähe eines vergifteten Nahrungsmittels schwitzt der Stein. Derart widersteht er jedem Gift. Weiters wirkt er gegen Fieber, Aussatz und Milzleiden. (Nach Hildegard von Bingen)

Marbodeus Gallos berichtet 1531, daß der Topas die Hämorrhoiden heile, auch Konrad von Megenberg meint, „daß der stain hilfft den afteradern, die zuv der mistporten niden geut".

Bei den folgenden Anwendungen werden von Willfort keine Quellenangaben gemacht:
Der Sachsenkönig Ethelred schenkte der Abtei St. Albon (bei Mainz) einen überaus großen Topas, der den Wöchnerinnen, die die Stunde ihrer Niederkunft in diesem Frauenkloster abwarteten, geliehen wurde. Der Stein wirke krampflösend und hätte schon Tausende Mütter gerettet.

Topas bei sich getragen, vertreibt alle unkeuschen Begierden.

Dieser Stein vertreibt die Traurigkeit. Bei starker Hitze wird er rötlich und elektrisch.

ANWENDUNG

Als gelber Stein besitzt er wie der Bernstein dieselbe Wirkung bei Gallenleiden und bei gallsüchtigen Gemütsbewegungen.

Topas-Kraft steigt mit zunehmendem und sinkt mit abnehmendem Mond.

Den leicht erregbaren November-Geborenen zügelt der Topas den Zorn und deren glühende Phantasie.

SONSTIGES

Der Topas ist einer der zwölf Steine im berühmten Brustschild des Hohenpriesters.

In der griechischen Literatur wird der Stein von Agatharchides (130 v. Chr.) bei der Beschreibung des Roten Meeres erwähnt, da sein damaliger einziger Fundort die sogenannte Schlangeninsel im Roten Meere war.

ABBILDUNG

Siehe Tafelteil, Seite 98 und 99; 102 und 103; vor allem 126 und 127.

TÜRKIS

Der Name Türkis bedeutet „Stein aus der Türkei“. In der Blütezeit des Osmanischen Reiches war er ein begehrter und verbreiteter Edelstein. Obwohl die Halbinsel Sinai zu diesem Reich gehörte und uralte Türkisgruben hatte, mußten die Türken diese Steine teuer bezahlen, denn die Gruben waren im Besitz einheimischer, den Türken nicht gerade freundlich gesinnter Stämme. Um den Bedarf zu decken, mußten weitere Türkise aus Persien eingeführt werden.

Chemisch betrachtet ist der Türkis ein Tonerde-Phosphat. Kristallausbildungen sind bei ihm selten, meistens ist er nieren- bis tropfsteinförmig, oder er bildet Überzüge. Seine Farbe ist himmelblau, blau bis grünblau, die Anordnung fleckig oder netzartig, wobei Kupfer und Eisen die farbgebenden Substanzen sind. Er kommt auf Klüften von Ergußsteinen vor, seltener auch in Pegmatiten, und ist ein Verwitterungsprodukt in Absatz-, Umwandlungs- und Erstarrungsgesteinen. Seine Mohshärte beträgt 5–6, der Strich ist weiß, sein Bruch muschelig bis uneben, und er ist spröde.

ANWENDUNG

Vom Mittelalter bis zum Beginn der Neuzeit trug man den Türkis gegen starke Blutergüsse um den Hals.

Dem Stein werden große Heilkräfte bei Leberleiden, Gelbsucht und Darmverstopfung nachgesagt.

Im Orient ist er ein Heilstein gegen Masern und Pocken, und nicht zuletzt wird er als Amulett gegen den „Bösen Blick“ getragen.

VOLKSGLAUBE

Der Türkis gilt als Stein der Jäger und macht besonders die bergsteigenden Jäger schwindelfrei. (Tirol, Salzburg, Schweiz)

Der Stein versöhnt streitende, noch nicht verheiratete Liebesleute.

Der Türkis gilt mit seinem Träger als besonders eng verbunden. Wird dieser krank, verfärbt sich der Stein. Stirbt der Träger, so zerspringt der Stein. Weiters heißt es, daß ein am Finger getragener Stein vor tödlichen Stürzen bewahrt, indem er selbst zerbricht und so den Sturz abbremst.

ABBILDUNG

Siehe Tafelteil, Seite 104 und 105.

ZIEGELSTEINE

Die Herstellung von Ziegelsteinen sowie die spätere Erfindung des Tonbrennens sind entscheidende Schritte in der Kulturentwicklung des Menschen. Tonminerale, die Hauptbestandteile des Ziegelsteins, haben die für das organische Leben wichtige Funktion, andere Moleküle zu absorbieren, in ihren Zwischenräumen aufzunehmen und diese an die organischen Lebensprozesse abzugeben. Diese primär intuitive Erkenntnis hat sich im archaischen Mythos von der Erschaffung des Menschen aus Ton (oder „Lehm") niedergeschlagen.

Im Altertum benutzte man ausschließlich an der Sonne getrocknete, aus Lehm und Häcksel geformte Ziegel. Das Tonbrennen selbst, angeblich eine Erfindung der Römer, ist ein aufwendiges Verfahren, so daß auch heute noch viele alte, mit ungebrannten Ziegelsteinen gebaute Häuser zu finden sind.

ANWENDUNG

Gebrannte Ziegelsteine glühend gemacht und mit Essig abgelöscht, in Leinwand gewickelt und aufgelegt, lösen die Verhärtungen der Milz. (Allgemein bekannte Volksmedizin)

Gepulverte Ziegelsteine mischen die „Beinrichter" in Bruch-Pflaster.

Gepulverte Ziegelsteine in Öl bereitet, ergibt das sogenannte Philosophenöl.

MONATSSTEINE IM VOLKSGLAUBEN

Sterndeuter vergangener Epochen beschäftigten sich auch mit den Zusammenhängen von Edelsteinen und Himmelszeichen. Nach ihrer Lehre haben unter bestimmten Gestirnskonstellationen geborene Menschen auch Beziehungen zu den mit diesen in Verbindung stehenden Edelsteinen, die ihnen eine besondere Schutzkraft verleihen. Dabei entsprechen die Monate nicht der zeitgemäßen Einteilung in Kalendermonate, sondern richten sich nach der Sonne, dem Hauptstern unseres Planetensystems. Sie durchläuft während eines Jahres alle zwölf Tierkreiszeichen und verweilt in jedem etwa einen Monat lang. Solches Wissen lasse sich nicht so einfach schematisieren, gebe aber eine gute Grundlage ab für eine präzisere Bestimmung. Denn oft hänge es nur an den feindlichen Konstellationen der Geburtssterne zueinander, daß derselbe Monatsstein dem einen Glück und Segen, dem anderen aber Unglück bringe. Weiters sei darauf zu achten, daß der Edelstein vor dem scharfen Anblick oder vor der Berührung durch Fremde geschützt werde, denn um so wirksamer sei dann seine Schutzwirkung.

JÄNNER	23. XII. bis 20. I.	Granat
FEBRUAR	21. I. bis 19. II.	Amethyst
MÄRZ	20. II. bis 20. III.	Jaspis, Blutstein
APRIL	21. III. bis 19. IV.	Diamant
MAI	20. IV. bis 22. V.	Smaragd
JUNI	23. V. bis 21. VI.	Achat
JULI	22. VI. bis 21. VII.	Rubin
AUGUST	22. VII. bis 22. VIII.	Sardonyx
SEPTEMBER	23. VIII. bis 22. IX.	Saphir
OKTOBER	23. IX. bis 22. X.	Beryll (Aquamarin, Smaragd), Opal
NOVEMBER	23. X. bis 22. XI.	Topas
DEZEMBER	23. XI. bis 22. XII.	Türkis

AUTOREN UND QUELLEN VON WILLFORT

ABEL-RÉMUSAT Jean Pierre (1788–1832) studierte Medizin und Orientalistik und erhielt 1814 am Collège de France den Lehrstuhl der chinesischen Sprache und der Mandschusprache.

AETIOS VON AMIDA (1. Hälfte des 6. Jh.s), byzantinischer Arzt aus dem heutigen Diyarbakir in der Türkei, verfaßte ein in der späteren Überlieferung „Tetrabiblon" genanntes umfangreiches Handbuch der Medizin in 16 Bänden.

AGATHARCHIDES VON KNIDOS lebte als griechischer Schriftsteller in Alexandria und schrieb im 2. Jahrhundert vor der Zeitenwende drei historisch-geographische Werke über Europa, Asien und das „Rote Meer" (= Indischer Ozean). Bruchstücke davon sind erhalten.

ALBERTUS MAGNUS (1193–1280) hieß mit seinem weltlichen Namen Albert Graf von Bollstädt. Er widmete sich der Philosophie, der Naturerforschung, der Theologie und trat 1223 dem Orden der Dominikaner bei. Unter den Gelehrten seines Jahrhunderts war er der vielseitigste. Seine Kommentare zu den naturwissenschaftlichen Schriften des Aristoteles „De vegetabilibus libri" und „De animalibus libri" zeigen, daß Albertus Magnus ein selbständiger Beobachter der Natur war. Seine für die damalige Zeit ungewöhnlichen Kenntnisse im Bereich der Physik, Chemie und Mechanik brachten ihn in den Verdacht der Zauberei, und manche Sage rankt sich um seinen Namen.

AL-GĀFIKI, Abu Gāfar Ahmad ibn Muhammad al-Gāfiqi, lebte vermutlich in der ersten Hälfte des 12. Jahrhunderts und war ein berühmter Vertreter der Botanik und Pharmazie. Er stammte aus der Veste Gāfiq bei Cordoba. Sein Drogenbuch soll als das wertvollste arabische Werk über einfache Heilmittel gelten. Darin zitiert er die Werke des Dioskurides, des Galen und arabisches Wissen.

AL-KAZWINI, Quazwini (1203–1283/85), war Beamter und verfaßte als Geograph eine „kosmographische Enzyklopädie".

APPULEIUS Lucius (um 125–161/180) wirkte als bekannter griechischer Arzt und Schriftsteller in Rom. Schon zu seinen Lebzeiten wurde er „philosophus Platonicus" genannt. Seine Gelehrsamkeit und sein Formtalent haben ihn zum merkwürdigsten Schriftsteller seiner Zeit gemacht. Sein Hauptwerk, der große Roman „Metamorphosen", auch „Asinus aureus" („Goldener Esel") genannt, zählt zur Weltliteratur. Von seinen weiteren zahlreichen Werken sind nur noch die Verteidigungsrede „Pro se de magia", Bruchstücke seiner sophistischen Reden und Philosophisches erhalten. Appuleius hatte um das Jahr 155 einen Prozeß wegen Zauberei in Afrika zu bestehen.

ARCHIGENES aus Apameia (um 100 n. Chr.) wirkte als bekannter griechischer Arzt in Rom. Von seinen zahlreichen Schriften sind nur mehr Fragmente erhalten.

ARISTOTELES (384–322 v. Chr.) gilt als einflußreichster Denker aller Zeiten. Schon in jungen Jahren wurde er ein Schüler des Plato, in dessen „Akademie" er fast zwei Jahrzehnte verblieb. Zuerst war er Lernender und später selbst Lehrender, wobei er seine eigene Philosophie entwickelte. Aufbauend auf den Lehren von Plato, gelingt es Aristoteles, mit wenigen Grundbegriffen das damalige Wissen systematisch zu gliedern. Er gilt als Begründer der Zoologie und der Physiologie. Neben zahlreichen philosophischen Werken sind auch einige naturwissenschaftliche Schriften überliefert.

ARNOLDUS SAXO verfaßte im 13. Jahrhundert ein Steinbuch.

AVICENNA (980–1037) war ein islamischer Philosoph und Arzt. Er führte ein bewegtes Leben als Lehrer in Isfahan, als Leibarzt, zeitweise auch als Wesir an verschiedenen persischen Fürstenhöfen. Ein Hauptwerk seiner reichen schriftstellerischen Tätigkeit ist der aus griechischen Werken schöpfende „Canon medicinae", das jahrhundertelang Grundlage des medizinischen Verständnisses war. Avicenna, der „Fürst des Wissens", hat als Vermittler der griechischen Wissenschaft an Morgen- und Abendland und als Begründer der islamischen Theologie höchste Bedeutung.

BERLINER PAPYRUS Etwa um 1600 v. Chr. entstanden.

BUSCHAN Georg 1941: „Über Medizinzauber und Heilkunst im Leben der Völker". Oswald Arnold Verlag, Berlin.

COSTA BEN LUCA, Qustã ibn Luqã (um 820–912), war ein melchitischer Christ griechischer Abstammung und lebte in Bagdad, später in Armenien. Er war eine ärztliche Autorität und übersetzte griechische medizinische, philosophische und mathematische Werke ins Arabische.

DAIMIGERON Unter diesem Namen gab es im 1. Jahrhundert n. Chr. ein ursprünglich griechisches Steinbuch, das als ganzes Werk nur mehr in einer lateinischen Bearbeitung überliefert ist. Es soll sich dabei um ein Geschenk des Araberkönigs Euax an Kaiser Tiberius handeln. Wahrscheinliche Quellen des Daimigeron sind die Steinbücher des Zoroaster und des Ostanes, vermutlich die Steinliste des Xenokrates und bei Angaben zu Tiersteinen die Kyraniden. Die Inhalte des Daimigeron prägten die entsprechenden Ansichten bis ins Mittelalter wesentlich mit.

DELLA PORTA Johann Baptist (1538–1615) war Physiker und Dramatiker. Er beschrieb 1589 eine Camera obscura (dunkle Kammer), die als Urform der fotografischen Kamera gilt. In diese fügte er eine Sammellinse ein, wodurch die Bildhelligkeit wesentlich erhöht wurde.

DIOKLES VON KARYSTOS (4. Jh. v. Chr.) war ein bekannter griechischer Arzt, medizinischer Denker und Zeitgenosse des Aristoteles. Von seinen Schriften sind nur kurze Fragmente überliefert. Große Bedeutung erlangte die in Briefform gehaltene kurze Gesundheitslehre für König Antigonos. Reste seines Werkes über Krankheiten, ihre Ursachen und deren Behandlung werden in einem Heidelberger Papyrus vermutet.

DIOSKURIDES Pedanios (1. Jh. n. Chr.) war griechischer Militärarzt unter den Kaisern Claudius und Nero sowie berühmtester Botaniker und Pharmakologe der Antike. Er schrieb eine Arzneimittellehre in fünf Büchern mit mehr als 800 Pflanzen und über 1000 daraus bereiteten Drogen. Das erste Lehrbuch der Arzneimittelbereitung blieb bis zur Renaissance ein Standardwerk. Die Wiener Nationalbibliothek besitzt davon eine bebilderte griechische Handabschrift, die Münchener Staatsbibliothek eine vulgärlateinische Übersetzung aus dem 8. Jahrhundert.

EPIPHANIOS, Bischof von Zypern (?–403), war als Kirchenschriftsteller ein einflußreicher Vertreter der traditionalistischen Orthodoxie. In seinem Werk „Panarion" („Apothekerkästchen") beschreibt er die Bekämpfung von 80 Ketzereien. Wie Plinius ist auch Epiphanios davon überzeugt, daß viele der antiken Überlieferungen als Fabeln zu bezeichnen sind.

FRANZ DE LE BOE Sylvius (1614–1672) lehrte in Leiden und praktizierte in Amsterdam. Er gilt als Chemiatriker, der allerdings in sein System auch physikalische Leitsätze aufgenommen hat. Die Vertreter der Chemiatrie erklärten sowohl die gesunden als auch die krankhaften Lebenserscheinungen als Folge von chemischen Vorgängen und wollten diese dementsprechend auch mit chemischen Mitteln beeinflussen.

GALENOS (129–199/200/216) wurde in Pergamon geboren und in seiner Vaterstadt zunächst in die Philosophie eingeführt. Dort erwarb er sich auch seine ersten medizinischen Kenntnisse, die er auf Reisen in Korinth, Smyrna und vor allem Alexandrien vervollständigte. Später zog er nach Rom, wo er schließlich auch Leibarzt von Kaiser Marc Aurel wurde. Er hinterließ eine große Zahl von Arbeiten aus den verschiedensten Fachgebieten der Heilkunde.

GRIMM'S WÖRTERBUCH In diesem Werk wollten die Gebrüder Jacob (1785–1863) und Wilhelm (1786–1859) Grimm den neuhochdeutschen Sprachschatz sammeln und etymologisch-geschichtlich erläutern. Ihre Sammlungen und die von ihnen vollendeten Bände waren die Grundlage der umfassenden Arbeit, die mit Reichsunterstützungen von Weigand, Hildebrand, Heyne und anderen fortgeführt wurde.

HELMONT Jean Baptist (1579–1644) stammte aus dem flämischen Landadel, wandte sich nach dem Studium der Philosophie dem Studium der Medizin zu und begab sich dann auf Reisen. Nach seiner Rückkehr lebte er als Privatgelehrter mit eigenem Laboratorium. 1625 erfolgte die Verurteilung durch die Inquisition zu Hausarrest unter Aufsicht bis zum Jahr 1636. Da sich das Verfahren jedoch bis 1642 hinzog, konnte er nur wenige Ergebnisse seiner wissenschaftlichen Untersuchungen veröffentlichen. Helmont gilt als der Begründer der pneumatischen Chemie.

HERODOT (um 500/490 v. Chr. – um 424 v. Chr.) gilt als ältester griechischer Geschichtsschreiber und wird deshalb auch „Vater der Geschichte" genannt. Sein Werk ist in ionischem Dialekt verfaßt, seine Darstellungen sind einfach und von großer Anmut. Um möglichst viele Länder und Menschen und deren „Anschauungen" kennenzulernen, bereiste er Griechenland, die umliegenden Inseln, die kleinasiatische Küste, den Pontus, das Perserreich, Arabien, Ägypten, Kyrene, Sizilien und Italien bis zum Apennin.

HIERONYMUS Sophronius Eusebius (331 oder zwischen 340/350–420), lateinischer Kirchenlehrer und christlicher Heiliger, studierte lateinische Literatur und griechische Philosophie, lebte mehrere Jahre als Asket im Orient und war seit 386 Klostervorsteher in Bethlehem. Des Griechischen und Hebräischen mächtig, vermittelte er dem Abendland eine bessere Kenntnis der griechischen Theologie.

HILDEGARD VON BINGEN (1098–1179), die von der katholischen Kirche heiliggesprochene Äbtissin, war als universale Gelehrte des Mittelalters Beraterin von geistlichen und weltlichen Würdenträgern der damaligen Zeit. Sie ging als die erste schreibende Ärztin in die Geschichte ein. Ihre Rezepte und Ratschläge für ein gesundes Leben erleben gegenwärtig eine Renaissance.

HOMER ist wohl der berühmteste griechische Dichter der Antike. Was über seine Person berichtet wird, ist durchaus sagenhaft, denn die Menschen der Antike schufen ein Idealbild von diesem „blinden Dichter". Seinem genialen Können wurden die beiden Heldengedichte „Ilias" und „Odyssee" zugeschrieben.

HONEIN BEN JSHAK, Hunain ibn Jshaq (808–873), unternahm von Bagdad aus ausgedehnte Reisen nach Syrien, Palästina, Ägypten und Alexandrien. Dort sammelte er noch vorhandene griechische Handschriften von Galen und übersetzte sie in das Arabische.

IBN AL-BEITHAR, Baithar (?–1248), war ein arabischer Botaniker und Arzt. Er erwarb seine Ausbildung in Spanien und botanisierte bis nach Kleinasien, was ihm auch den Beinamen „Fürst der Pflanzenkenner" einbrachte. Sein bekanntestes Werk behandelt die arabischen Arzneimittel in vollständiger Übersicht. Es ist die Hauptquelle für die arabische Pharmakologie und Botanik.
KLAPROTH Martin Heinrich (1743–1817) war Apotheker und Chemiker in Berlin.

KONRAD VON MEGENBERG (1309–1374) war ein naturwissenschaftlicher und politischer Schriftsteller des Mittelalters. Er lehrte 1337/38 an der Pariser Universität Philosophie und weilte zeitweise bei der Kurie in Avignon. 1342 verließ er Paris und ging nach Wien. Später wurde er Domherr und Ratsherr in Regensburg. Konrad von Megenberg ist der erste Naturhistoriker des 14. Jahrhunderts, der in deutscher Sprache schrieb. Er verfaßte das „Buch der Natur", das eine selbständige Bearbeitung des Werkes „De natura rerum" von Thomas von Cantimpré ist.

KUNKEL Johann (1630–1702) war Alchimist, stammte aus einer alten Glasmacherfamilie und befaßte sich schon in jungen Jahren mit alchimistischen Studien.

LONICERUS, Adam (1528–1586) war Mediziner, Botaniker, Professor der Mathematik und Frankfurter Stadtarzt. Er veröffentlichte eine bearbeitete lateinische Neuauflage des „Kreuterbuches", dessen deutsche Fassung in vielen Auflagen erschien. Fast 250 Jahre lang wurde dieses volkstümliche Heilpflanzenbuch benutzt. Neben Pflanzen behandelt das Werk auch Tiere, Erze, Edelsteine und Metalle.

MANSUR MUWAFFAK, Abu Mansur Muwaffaqbin Ali Harawi, hat zwischen 965 und 975 ein medizinisches Werk verfaßt. In der Einleitung weist er darauf hin, daß er die Schriften der alten und der modernen Ärzte gelesen habe. Er lobt in diesem Buch die Griechen, hält aber die Inder, deren Kultur er aus eigener Anschauung kannte, für überlegen. Sein Werk ist eines der ältesten literarischen Zeugnisse des Neupersischen.

MARBOD VON RENNES (um 1035–1123) war Bischof und verfaßte das bedeutendste Lapidarium des 12. Jahrhunderts. Darin beschreibt er 64 Mineralien und deren Indikationen.

NIKANDER (Nicander oder Nikandros) lebte um 150 v. Chr. und war ein griechischer Arzt, Grammatiker und Dichter. Von seinen Schriften sind nur noch zwei eher schwerfällige Gedichte übrig: „Theriaca", das von giftigen Tieren und von den Mitteln gegen ihre Bisse handelt, und „Alexipharmaca", eine Abhandlung von Gegengiften bei Vergiftungen durch Speis und Trank.

ORPHEUS war in der spätgriechischen Mythologie ein außerordentlich begabter Sänger und Kitharaspieler, der durch seine Kunst sogar die wilden Tiere bezwungen und Steine und Bäume bewegt haben soll. In seinem Werk „Von den Steinen" schreibt er unter anderem: „Unter Kräutern findet man nützliche und schädliche, aber unter den Steinen wirst du schwerlich etwas Schädliches finden!"

ORPHISCHE LITHIKA Versdichtung, aus dem 4. Jahrhundert. Sie wird dem Orpheus zugeschrieben.

OSTANES war ein Oströmer aus Alexandrien und schon in der Antike berühmt. So wird er in den syrischen Briefen des Pebechios als Erfinder der Astrologie, der Astronomie, der Philosophie, der Magie, der Mysterien und vor allem der Goldmacherkunst bezeichnet. Auch Plinius erwähnt Ostanes: Er habe Alexander den Großen auf dessen Kriegszügen begleitet. Abzuheben von der historischen Person des Ostanes ist jedoch eine Vielzahl später erschienener theologischer und magischer Schriften, deren Autoren sich bloß des großen Namens bedienten.

OVID (43 v. Chr.–18 n. Chr.) stammte aus einer wohlhabenden Ritterfamilie und sollte sich in Rom in der Schule des Rhetors für die Ämterlaufbahn oder den Beruf des Anwalts vorbereiten. Er selbst entschied sich für die Dichtkunst und wurde bald der Liebling der Römer, später aber des Landes verwiesen. Vergeblich suchte er in seinen Gedichten durch Klagen und Bitten vom Kaiser die Begnadigung zu erlangen. So starb er im unwirtlichen Exil, im Grenzland am Schwarzen Meer, im zehnten Jahr seiner Verbannung. Sein Meisterwerk sind die 15 Bände umfassenden „Metamorphosen", die er vor seiner Verbannung gerade noch vollendet hat. Es beinhaltet eine Fülle von griechischen Sagen, die über Verwandlungen von Menschen in Tiere, Pflanzen und Steine berichten. Durch abwechslungsreiche Zusammenstellungen werden diese zu einem größeren Ganzen. Am Beginn steht die Weltschöpfung und am Ende die Vergötterung Cäsars und die Verherrlichung des Kaiserhauses.

PAPYRUS EBERS Diese berühmte ägyptische Rezeptsammlung ist in der Zeit um 1600 vor unserer Zeitrechnung entstanden und ist heute im Besitz der Universitätsbibliothek Leipzig.

PARACELSUS, oder Theophrast von Hohenheim (1493–1541), Arzt und Philosoph, zählte zu den bedeutendsten Naturforschern des späten Mittelalters und der beginnenden Neuzeit. Sage und Volksdichtung haben sein schwieriges Leben vielfach verschleiert. Seine neue Heilkunde brachte ihn in schwere

Konflikte mit der Universität, der Ärzteschaft und dem Apothekerstand. Eine seiner Grundüberzeugungen war der Glaube an die wunderbare Selbsthilfe der Natur, nur diese sei die Voraussetzung aller Heilkunst.

PLATO (427–347 v. Chr.) stammte aus einem der vornehmsten Geschlechter Athens und soll in seinen jüngeren Jahren Tragödien geschrieben haben. Später schwor er der Dichtung ab, blieb jedoch zeitlebens ein Dichter, denn auch seine philosophischen Darstellungen wurden unter seinen Händen zu Poesie. Plato war acht Jahre lang ein Schüler des Sokrates. Nach dem tragischen Schicksal seines Meisters bemühte er sich, ganz im sokratischen Geiste, um eine auf Wissenschaftlichkeit gegründete Reform.

PLINIUS Caius, P. Secundus, (23/24–79), der Ältere, war ein römischer, in hohen kaiserlichen Ämtern stehender Gelehrter. Er entfaltete eine reiche schriftstellerische Tätigkeit, wovon nur die 37 Bücher umfassende „Historia naturalis", ein Kompendium des gesamten naturwissenschaftlichen Wissens seiner Zeit, erhalten blieb. In dieser Materialsammlung hat Plinius den Versuch gemacht, Sternen- und Wolkenhimmel, die Bereiche von Luft, Wasser und Erde, Geographie, Anthropologie, Zoologie, Botanik und Mineralogie zusammenfassend darzustellen. Den Stoff verdankt er zahlreichen Sonderschriften, wie denen von Posidonius, Hipparch, Theophrast, Xenokrates, Cato und Parro, aber auch eigenen Beobachtungen und Erfahrungen. Seine grammatischen, rhetorischen, militärischen, biographischen und historischen Schriften sind verlorengegangen, so auch sein 20 Bücher umfassendes Werk über die Kriege der Römer mit den Germanen, das Tacitus oftmals als Grundlage gedient hat. Plinius starb beim Ausbruch des Vesuv.

PSELLUS Michael, der Stotterer (1018–1078/1096), war ein Philosoph und Staatsmann am byzantinischen Hof. Er schrieb Werke aus allen Wissensgebieten, unter anderem auch ein Steinbuch.

PSEUDO-ARISTOTELES Damit sind später entstandene Aristoteles-Rezeptionen gemeint. Es handelt sich dabei häufig um knappe Sprüche und Lehren, die in der deutschen Literatur des Mittelalters dem Aristoteles zugeordnet werden.

RANZAU Henrik (1526–1598) Möglicherweise bezieht sich Willforts Text auf diesen Grafen und Statthalter in Schleswig und Holstein. Er hat sich als Freund und Förderer der Wissenschaft bekannt gemacht und selbst mehrere geschichtliche Abhandlungen in lateinischer Sprache veröffentlicht.

SCHLIEMANN Heinrich (1822–1890) war Kaufmann und Archäologe. Seinen Lebenstraum, Troja und die Heimatburgen der argivischen Könige zu finden und auszugraben, konnte er sich als mittelloser Pfarrerssohn erst nach einer erfolgreichen Zeit als Kaufmann widmen. 1863 war es dann soweit. Schliemann gelang es, die Goldschätze von Troja und den reichen Goldschmuck der Königsgräber von Mykenä zu heben.

SCHOPPER Jacobus Er verfaßte das „Biblische Edelsteinbüchlein" in Nürnburg 1614.

SCRIBONIUS LARGUS (1. Hälfte des 1. Jh.s n. Chr.) war römischer Arzt und schrieb die Rezeptsammlung „Compositiones", deren Mittel er überwiegend selbst hergestellt und erprobt haben soll. Im Vorwort beleuchtet der Autor interessante Aspekte zur römischen und griechischen Medizin. Scribonius folgte dem Kaiser Claudius auf dem Feldzug nach Britannien und widmete dem Kaiser seine medizinischen Schriften.

SENECA Lucius Annaeus (?–65 n. Chr.) war lateinischer Lehrer der Beredsamkeit und Schriftsteller. Seine Bedeutung als Schriftsteller beruht auf seinen philosophischen Schriften und seinen Tragödien.

SERAPION Aus der medizinischen Literatur sind drei Autoren dieses Namens bekannt, wovon zwei hier Erwähnung finden sollen:
Serapion senior, Yuhanna ibn Sarabiyun, schrieb um 873 in Damaskus ein umfangreiches Handbuch der Gesamtmedizin, das er in zwei Fassungen vorlegte.
In Anlehnung an das Werk des Serapion senior verfaßte ein unbekannter Autor ein Drogenbuch. Da in diesem Werk Autoren des 10. Jahrhunderts angeführt sind, nahm man einen Serapion junior als Verfasser an, der um das Jahr 1070 gelebt haben soll. Das Werk wurde 1290 ins Lateinische übertragen und ist fast ausschließlich in dieser Version erhalten geblieben.

SOLINUS Gaius Julius (3. Jh.), bekannt als römischer Schriftsteller und Geograph, hat ein geographisches Lehrbuch herausgegeben. Zum erstenmal wird in seinem Werk der Name „Mare mediterraneum" erwähnt.

THEOPHRASTUS (372–287 v. Chr.) ist der bekannteste Schüler von Aristoteles. Dieser griechische Philosoph hinterließ eine große Zahl dialektischer, metaphysischer und physikalischer Schriften. Seine systematische Darstellung der Botanik wurde von den späteren antiken Schriftstellern immer wieder als Quelle benutzt. Das älteste europäische Buch über die Steine soll von ihm stammen.

THOMAS VON CANTIMPRÉ (um 1201–um 1270) war zuerst Augustiner-Chorherr und wechselte später zu den Dominikanern. Nach langjährigen Studien vollendete er um das Jahr 1241 seine Materialsammlung „De natura rerum".

TIFASCHI, Ahmed, Abu al-Abbas Ahmad ibn Yusuf ibn Ahmad al-Tifasi, der 1253 in Kairo starb, war ein ägyptischer Lapidarist und wurde vor allem durch sein Werk „Die Blüten der Gedanken über die Edelsteine" bekannt. Darin beschreibt er insgesamt 25 Steine.

TRALLIANUS Alexander, Alexander von Tralleis (525–605), ist in der heutigen Türkei geboren und in Rom gestorben. Seine zwölf Bücher über die Heilkunde basieren auf den Werken von Galen, enthalten aber auch klassische Traktate der byzantinischen Heilkunde.

TROELS-LUND 1901: „Gesundheit und Krankheit in der Anschauung alter Zeiten". Verlag von B. G. Teubner, Leipzig.

VINCENTINO BELLOVACENSIS, Vinzenz von Beauvais (1184/94–um 1264), war vielseitig gebildet und gehörte dem Dominikanerorden an. Sein Hauptwerk „Speculum maius" ist die umfangreichste Enzyklopädie des Mittelalters. Mit Auszügen aus den griechischen, arabischen, jüdischen und christlichen Schriften vermittelt sie ein Bild der damaligen Naturerkenntnisse.

XENOKRATES VON APHRODISIAS Die Inhalte seiner Schrift „Lithignomon" blieben bis ins Mittelalter lebendig.

XENOKRATES VON SIKYON (?–314 v. Chr.) war ebenfalls ein Schüler von Plato und bildete dessen Lehre „pythagoreisch" um. Er setzte die Ideen den Zahlen gleich und ließ alle Wesen aus doppeltem Ursprung hervorgehen: dem „Einen", dem göttlichen Prinzip, und einer „unbestimmten Zweiheit". In seiner Denkweise ist die Seele eine sich bewegende Zahl, ähnlich den Gottheiten der Volksreligionen.

GLOSSAR

ADSTRINGENS Zusammenziehendes blutstillendes Heilmittel.

ALTDEUTSCHER VOLKSGLAUBE Eine unscharfe kulturhistorische Bezeichnung. Laut Brockhaus versteht man darunter alles, was der Entwicklung des deutschen Volkes vor der Reformation angehörte.

ANGELSACHSEN Ein zusammenfassender Begriff für die germanischen Stämme, die Mitte des 5. Jahrhunderts die Eroberung Britanniens begannen und so zur Basis der heutigen englischen Nation wurden.

ANTIKE Darunter wird der Zeitraum von den Anfängen geschichtlicher Kunde bis zu und mit dem Kulturleben der Griechen und Römer verstanden. Eine Kultur hat selbstverständlich keinen klaren Endpunkt. Der besseren Übersichtlichkeit wegen entschied man sich, das Ende der Antike mit dem Untergang des weströmischen Reiches zu fixieren.

BÖHMEN Das Kernland der heutigen Tschechischen Republik.

BRUCH Das Auseinanderfallen mit unregelmäßigen Flächen bei Schlagbeanspruchung kann bei schlecht oder gar nicht spaltbaren Mineralien ein wesentliches Erkennungsmerkmal sein. Dabei wird zwischen einem splitterigen, faserigen, glatten oder erdigen Bruch unterschieden.

BRUSTSCHILD Das Brustschild der jüdischen Hohenpriester bestand aus folgenden zwölf Edelsteinen: Sarder, Topas, Smaragd, Karfunkel, Saphir, Jaspis, Ligurius, Achat, Amethyst, Chrysolith, Beryll und Onyx.

DRUSEN Hohlräume in Gesteinen, deren Wände mit kristallisierten Mineralien bedeckt sind.

EDELSTEIN Für den Begriff Edelstein gibt es keine allgemeingültige Definition. Schöne und seltene Mineralien, die aufgrund einer gewissen Härte widerstandsfähig und damit schwer vergänglich sind, gelten in der Regel als Edelsteine. Die Bezeichnung Halbedelstein ist noch unklarer und hat aus mineralogischer Sicht keine Berechtigung.

ERGUSSGESTEINE Sie sind aus dem glühenden, zähflüssigen Magma, das durch vulkanische Kräfte an die Erdoberfläche gebracht wurde, entstanden.

ERIDANOS In der griechischen Mythologie der Name eines Flusses im fernen Norden. Er wurde mit verschiedenen Flüssen, zum Beispiel dem Rhein, dem Po, der Weichsel oder der Rhône, gleichgesetzt.

ERZE Metallhaltige Minerale.

ERZGÄNGE Spalten und Klüfte, die mit Erzen und anderen Mineralgemengen ausgefüllt sind. Sie sind meist tektonisch (durch Erdkrustenbewegungen) entstanden.

ERZLAGER Größere Anhäufungen von Erzarten in abbauwürdiger Form. Manche bestehen im wesentlichen aus einer Erzart, die meisten dagegen enthalten mehrere Erzarten sowie nichtmetallische Mineralien.

EURYMACHOS Im griechischen Heldenepos „Odyssee“ einer der anmaßendsten Freier der ihres Gatten harrenden Penelope.

FRAISEN Der Begriff ist abgeleitet vom althochdeutschen „freisa“ und bedeutet Gefahr, Schrecken. In der Volksmedizin werden unterschiedliche Erkrankungen, vor allem auch Kinderkrankheiten, unter diesem Begriff eingeordnet.

GESTEIN Ein Gemenge von natürlich entstandenen Mineralien. Es hat meist eine größere Verbreitung.

HÄRTE Siehe MOHSHÄRTE.

HELIADEN Damit sind in der griechischen Sage die drei Töchter des Helios und Schwestern des Phaethon gemeint. Sie wurden beim Tod des Bruders in Pappeln, ihre Tränen in Bernstein verwandelt.

JESAJA Der jüdische Prophet verhieß seinem Volk die Rettung, die aber nur im ausschließlichen Vertrauen auf Jahwe begründet sein konnte und keinerlei andere Bündnisse zuließ.

LEITFOSSILIEN Organismen, mit denen sich das relative Alter der sie umschließenden Gesteine ermitteln läßt.

MASTIX Ein grünliches oder gelbliches Harz, das aus der Rinde des Mastixstrauches gewonnen wird. Es findet als Bindemittel in Firnis und als Klebstoff für Verbände Verwendung.

MINERAL Ein in sich einheitlicher, natürlich entstandener Bestandteil der Erdrinde. Die meisten Mineralien haben bestimmte Kristallformen. Das Wort „Mineral“ leitet sich aus dem Lateinischen her: mina = Schacht.

MINERALAGGREGATE Verwachsungen von Mineralien, wobei die sich berührenden Kristalle zur gleichen Art oder zu verschiedenen Arten gehören können. Je nach Wachstumsprozeß entstehen stengelige, radialständige, blättrige oder körnige Gestalten.

MOHSHÄRTE Darunter versteht man die Ritzhärte eines Minerals. Das ist der Widerstand eines Minerals, den es beim Ritzen mit einem scharfkantigen Material diesem entgegenbringt. Nach dem Vorschlag des Mineralogen Mohs (1773–1839) werden die Mineralien nach einer zehnteiligen Härteskala gruppiert. Jedes so eingeordnete Mineral ritzt das mit geringerer Härte bezeichnete und wird von den nachfolgend härteren Mineralien geritzt.

NECHEPSOS König einer der ältesten Dynastien im alten Ägypten.

OSTSEELÄNDER Bezeichnung für die Länder der Ostseeregion, also Dänemark, Schweden, Finnland, die baltischen Staaten und das östliche Norddeutschland.

PEGMATITE Grob- bis riesenkörnige Gesteine, in denen manche Minerale ein Gewicht von vielen Kilogramm oder noch mehr erreichen können. Wo im Inneren der Erdkruste Hohlräume mit hochgespannten Gasen gefüllt waren, konnten die Kristalle weitgehend ungestört wachsen, so daß sie neben ihrer abnormen Größe oft auch eine ausgezeichnete Kristallgestalt aufweisen. Der Begriff ist abgeleitet aus dem griechischen Wort „pegma“ = der Rahmen, das Gefügte.

PENELOPE Gemahlin des Odysseus. Sie wurde während der Irrfahrten ihres Mannes von vielen Freiern umworben, hielt diese aber unter dem Vorwande hin, sie müsse erst für Laertes ein Leichengewand fertigen, womit sie nicht vorwärtskam, da sie nachts das am Tage Gearbeitete stets wieder auftrennte.

PODAGRA Gicht.

POLYKRATES Er war der Sohn eines Seeräubers und entwickelte sich um das Jahr 540 v. Chr. zum Tyrannen. Mit einer großen Flotte beherrschte er nicht nur das Ägäische Meer, sondern entfaltete auch eine imposante Bautätigkeit und hielt einen glänzenden Hof. Unter seiner Herrschaft verließ Pythagoras, ein Mann des Wissens und der Weisheit, die Heimat und zog in westlichere Regionen.

QUARZ Ein weitverbreitetes gesteinsbildendes Mineral von der Härte 7. Es besteht chemisch aus reiner Kieselsäure. Die Kristallformen sind verschieden und abhängig von der jeweiligen Bildungstemperatur.

QUARZGRUPPE Wichtige Vertreter dieser Gruppe sind Bergkristall, Rauchquarz, Amethyst, Rosenquarz, Chalcedon, Achat, Karneol, Chrysopras, Jaspis und Heliotrop.

RADIALSTRAHLIG Bedeutet von einem Punkt, meist dem Zentrum, strahlenförmig ausgehend.

RUTHENEN Ukrainer, die in Rußland auch Klein- oder Südrussen, im ehemaligen Österreich-Ungarn Ruthenen und in der Tschechoslowakei auch Karpathenrussen genannt wurden.

SEIFEN Sand- und Geröllmassen mit einem abbauwürdigen Gehalt an Gold, Platin, Edelsteinen oder Erzen. Es handelt sich um sekundäre Lagerstätten, da sie durch die Zerstörung von älteren Gesteinen, die das Edelgut bereits enthielten, entstanden sind.

SEPTUAGINTA Lateinisch „die Siebzig“. Die nur noch in der christlichen Überlieferung erhaltene Übersetzung des Alten Testaments und der Apokryphen in die griechisch-hellenistische Sprache.

SCHWABEN Regionalbezeichnung für den südwestlichen Teil von Bayern. Es wird im Süden von Österreich, im Westen von Württemberg, im Osten von Oberbayern und im Norden von Mittelfranken begrenzt. Schwaben war auch ein altes deutsches Herzogtum, das nach dem Volksstamm der Sueben benannt wurde. Dieses Schwaben umfaßte das ganze Gebiet des schwäbisch-alemannischen Sprachstammes: die deutsche Schweiz mit Graubünden, das Elsaß, das südliche Baden, Württemberg und den bayrischen Teil bis zum Lech. Beim Zerfall des Karolingerreiches strebten auch in Schwaben einheimische Große nach der Herzogswürde.

STEIN Der im Volksmund gebräuchliche Sammelbegriff für alle festen Bestandteile der Erdkruste.

SUBLIMATION Verflüchtigung eines festen Körpers unterhalb seines Schmelzpunktes.

TERTIÄR Geologisches Erdzeitalter, dessen Beginn vor etwa 65 Millionen Jahren angenommen wird.

VARIETÄTEN Gleichartig gebaute Mineralien, die sich nur durch geringe Schwankungen in der chemischen Zusammensetzung, durch Farbänderungen oder andere Besonderheiten unterscheiden.

VOLKSDEUTSCHE Ehemalige Bezeichnung für die Angehörigen des deutschen Volkes, die entweder Staatsangehörige des Deutschen Reiches, von deutscher Abstammung oder Auslandsdeutsche fremder Staatsangehörigkeit waren.

WENDERIN Volksmedizinischer Ausdruck für eine weibliche Person, die mit speziellen Riten Krankheiten abwendet.

ZEUS In der griechischen Mythologie der höchste Gott. Seinen Wohnsitz hatte er auf einem hohen Berggipfel (Olymp, Ida). Um diesen Gipfel sammelten sich die in Gewitter und Regen losbrechenden Wolken. Homer nennt Zeus den Wolkensammler und Blitzeschleuderer.

BEARBEITUNGSLITERATUR

Der Große Brockhaus, 1931: Handbuch des Wissens in zwanzig Bänden. F. A. Brockhaus. Leipzig.

Brockhaus Enzyklopädie, 1990: F. A. Brockhaus. Mannheim.

Eckart und Gradmann, 1995: Ärztelexikon. Von der Antike bis zum 20. Jahrhundert. Beck'sche Verlagsbuchhandlung. München.

Hansmann Liselotte und Kriss-Rettenbeck Lenz, 1977: Amulett und Talisman. Verlag D. W. Callwey. München.

Hildegard von Bingen, 1993: Heilkraft der Natur-„Physica". Verlag Herder. Freiburg im Breisgau.

Kouřimský Jiři , 1995: Illustriertes Lexikon der Steine & Mineralien. Karl Müller Verlag. Erlangen.

Lexikon des Mittelalters, 1995: Lexma Verlag. München.

Meyers Konversations-Lexikon, ³1878: Verlag des Bibliographischen Instituts. Leipzig.

Pfleiderer B., Greifeld K., Bichmann W., 1995: Ritual und Heilung. Eine Einführung in die Ethnomedizin. Dietrich Reimer Verlag. Berlin.

Rätsch Christian und Guhr Andreas, 1989: Lexikon der Zaubersteine. Akademische Druck- und Verlagsanstalt. Graz.

Reallexikon für Antike und Christentum, 1950: Anton Hiersemann. Stuttgart.

Schuhmann Walter, 1975: Steine und Mineralien. BLV Verlagsgesellschaft. München.

Seim Rolf, 1981: Minerale. Neumann Verlag. Leipzig-Radebeul.

Thenius Erich, 1985: Einführung in die Paläozoologie. Universität Wien.

Ullmann Manfred, 1970: Die Medizin im Islam. Koninklijke Brill NV. Leiden–Köln.
Ullmann Manfred, 1972: Die Natur- und Geheimwissenschaften im Islam. Koninklijke Brill NV. Leiden–Köln.

Wimmenauer Wolfhard, 1992: Zwischen Feuer und Wasser. Verlag Urachhaus Johannes Mayer GmbH. Stuttgart.

BILDTAFELN

Achat • Chalcedon • Onyx

Amethyst • Goldtopas

Antimon • Antimonglanz

Bergkristall • Rauchtopas

Bernstein • Türkis • Honigstein

Beryll • Smaragd

Diamant • Graphit

Feldspat

Gold • Platin

Granat

Magnetiteisen

Malachit

Opal • Chalcedon

Rubin • Saphir

Schwefel

Topas

TAFEL 57.

Achat.

No. Sammlung:

1. **Chalzedon**, grau und weiss gestreift, zur Färbung geeignet.
   Uruguay . . . . *Giessen.*

2. **Achat** mit horizontalen Schichten, wahrscheinlich gefärbt.
   Uruguay . . . . *Giessen.*

3. **Achat** mit Spritzloch, $^2/_3$ der natürlichen Grösse, wahrscheinlich natürliche Färbung.
   Uruguay . . . . *Giessen.*

4. **Trümmerachat,** natürliche Färbung.
   Schlottwitz in Sachsen . . . . *Giessen.*

5. **Onyx**, gefärbt. Infiltrationskanal . . . . *Marburg.*

6. **Onyx**, gefärbt.
   Uruguay . . . . *Giessen.*

1
2
4
5
6
3

TAFEL 56.

Quarz V, Amethyst.

No.		Sammlung:
1.	**Amethyst**, klar, mit glatter sechsseitiger Pyramide am Ende. Iredell Co., Nord-Carolina	*Marburg.*
2.	**Amethyst**, die sechsseitige Pyramide besteht aus dem Rhomboëder (glatt) und Gegenrhomboëder (rauh), am Ende die Basis. Brasilien	*Karlsruhe.*
3.	**Amethyst**, die beiden Rhomboëder sind verschieden gross. Minas Geraes, Brasilien	*Seligmann.*
4.	**Amethyst**, zwei grosse, unregelmässig miteinander verwachsene Kristalle. Sibirien (richtig wohl Mursinsk im Ural)	*Marburg.*
5.	**Amethyst**, das eine Rhomboëder gross, das andere sehr klein. Brasilien	*Marburg.*
6.	**Amethyst** mit kastenförmig vertieften Flächen. Zillerthal in Tyrol	*Frankfurt.*
7.	**Amethyst**, wie Scepterquarz gebildet, um die Hauptaxe ein wenig schraubenförmig gewunden. Rothenkopf im Zillerthal, Tyrol	*Bonn.*
8.	**Amethyst**, Querschnitt durch einen grossen Kristall. 3 Sektoren violett, 3 farblos	*Seligmann.*
9.	**Goldtopas** oder Citrin, wahrscheinlich gebrannter Amethyst. Minas Geraes in Brasilien	*Marburg.*

1
2
3
4
5
6
7
8
9

TAFEL 22.

Antimonerze I.

No. | Sammlung:

1. **Gediegen Antimon** in Kalkspat.
   Sala in Schweden . . . . *Marburg.*

2. **Gediegen Antimon.**
   Andreasberg im Harz . . . . *Göttingen.*

3. **Sénarmontit,** reguläre Oktaëder.
   Ain-Babouch, Constantine, Algier . . . . *Bonn.*

4. **Antimonglanz,** grosser und scharfer Kristall.
   Insel Shikoku, Bergwerk Ichinokawa in der Ortschaft Ojoin-Mura
   bei Saijo, Provinz Iyo, Japan . . . . *Marburg.*

5. **Antimonglanz,** radialstrahlige Aggregate.
   Arnsberg i. Westfalen . . . . *Marburg.*

6. **Antimonglanz.**
   Arnsberg i. Westfalen . . . . *Giessen.*

7. **Antimonblende,** büschelförmige Aggregate.
   Bräunsdorf bei Freiberg i. S. . . . . *Karlsruhe.*

1
2
3
4
5
6
7

TAFEL 54.

Quarz III.

No. Sammlung:

1. **Bergkristall**, das eine Rhomboëder ist gross, das andere klein.
Hot Springs, Arkansas . . . . *Giessen.*

2. **Rauchtopas** mit grosser Trapezfläche, rechter Kristall.
St. Gotthard . . . . *Giessen.*

3. **Rauchtopas** mit grossen Trapezflächen, linker Kristall.
St. Gotthard . . . . *Giessen.*

4. **Bergkristall** mit sehr steilen Rhomboëderflächen.
Kimpōzan, Japan . . . . *Giessen.*

5. **Bergkristall** mit Rhombenfläche (ohne Fundort) . . . . *Giessen.*

6. **Bergkristall** mit grosser Rhombenfläche.
Goyaz in Brasilien . . . . *Marburg.*

7. **Bergkristall** mit Einschluss von Asphalt.
Herkimer, New-York . . . . *Marburg.*

8. **Bergkristall** mit Einschluss von Rutil.
Tavetsch . . . . *Göttingen.*

9. **Bergkristall** mit Einschluss von Stahlstein.
Norwegen (?, wohl aus den Alpen) . . . . *Frankfurt.*

10. **Rauchtopas,** Morion, beiderseits mit Endflächen.
Mursinka bei Katharinenburg im Ural . . . . *Marburg.*

11. **Bergkristall** auf Marmor.
Carrara in Italien . . . . *Marburg.*

12. **Quarz,** Zwilling nach P_2.
Kimpōzan, Japan . . . . *Stuttgart.*

13. **Citrin,** geschliffen . . . . *Giessen.*

14. **Tridymit** mit Chlorit überzogen.
Zovon di Vo, Euganeen bei Padua . . . . *Giessen.*

1
2
3
4
5
6
7
8
9
10
11
12
13
14

TAFEL 82.

Phosphate, Honigstein, Bernstein.

No. Sammlung:

1. **Monazit**, grosser Kristall.
   Moss in Norwegen . . . . *Stuttgart.*
2. **Monazit**, kleiner scharfer Kristall.
   Moss in Norwegen . . . . *Seligmann.*

3. und 4. **Struvit**, frisch und verwittert.
   Hamburg . . . . *Hamburg.*

5. **Vivianit.**
   Moldawa, Banat . . . . *Bonn.*
6. **Vivianit**, Gruppe kleiner Kristalle.
   Weckesheim bei Bad Nauheim . . . . *Giessen.*
7. **Lazulith**, freier Kristall.
   Graves Mountains, Lincoln Co., Georgia, Nordamerika . . . . . *Giessen.*
8. **Lazulith**, eingewachsene Kristalle.
   Graves Mountains wie No. 7 . . . . *Marburg.*
9. **Wavellit**, radialstrahlige Kugeln.
   Montgomery Co., Arkansas . . . . *Stuttgart.*
10. **Türkis** in rotbraunem Sandstein.
    Megaratal auf der Sinaihalbinsel . . . . *Stuttgart.*
11. **Türkis** in tonigem, verwitterten Porphyr.
    Kolumbusdistrikt in Nevada . . . . *Stuttgart.*
12. **Türkis** in Gestein.
    New Mexiko . . . . *Marburg.*
13. **Variscit.**
    Ostabhang der Rocky Mountains, Utah . . . . *Marburg.*
14. **Honigstein**, dunkelgelbe Pyramide.
    Artern in Thüringen . . . . *Marburg.*
15. **Honigstein**, quadratische Pyramide mit dem Prisma der zweiten Stellung.
    Malowka, Gouvernement Toula . . . . *Giessen.*
16. **Honigstein**, quadratische Pyramide.
    Malowka, Gouvernement Toula . . . . *Bonn.*

17—22. **Bernstein.** 17. Schlaube. 18. Grabbernstein. 19. Insekt in Bernstein, dreimal vergrössert. 20. Wolkiger Bernstein. 21. Knochiger Bastard. 22. Bernsteintropfen.
   Samland . . . . *Marburg.*

1
2
3
4
5
6
7
8
9
10
11
12
13
14
15
16
17
18
19
20
21
22

TAFEL 44.

Beryll.

No. Sammlung:

1. **Smaragd** in Glimmerschiefer.
Habachthal in Salzburg . . . . *Göttingen.*

2. **Smaragd**, kleiner Kristall, mit natürlicher Endbegrenzung.
Aus den Smaragdgruben beim Dorfe Muso im Staate Boyaca in Colombia *Göttingen.*

3. **Smaragd**, Kristallgruppe in Glimmerschiefer.
Aus den Smaragdgruben an dem Flüsschen Tokowaja, 85 km östlich von Katharinenburg im Ural . . . . *Göttingen.*

4. **Smaragd**, klarer, etwas rissiger, auf der Rückseite abgebrochener Kristall in Kalkspat.
Aus den Smaragdgruben beim Dorfe Muso im Staate Boyaca in Colombia *Stuttgart.*

5. **Beryll**, farbloser, durchsichtiger Kristall.
Umgegend des Dorfes Schaitanka bei Katharinenburg im Ural . *Giessen.*

6. **Goldberyll**, dunkel-weingelber, klarer, durchsichtiger Kristall.
Umgegend des Dorfes Mursinka bei Katharinenburg im Ural (nach Originaletikette aus den Smaragdgruben an der Tokowaja) . . . *Stuttgart.*

7. **Beryll**, hellgelb, durchsichtig, in der Mitte eingeschnürt.
Umgegend des Dorfes Musinka bei Katharinenburg im Ural . . *Stuttgart.*

8. **Beryll** (Aquamarin), grünlichblau, glänzendes, glattes Prisma, Ende wie angefressen.
Nertschinsk in Transbaikalien . . . . *Göttingen.*

9. **Beryll** (Aquamarin), grünlichblau, durchsichtig. Prisma erster, mit Pyramide zweiter Stellung und Basis. Prisma mit Einkerbungen.
Berg Adun-Tschilon bei Nertschinsk in Transbaikalien . . . . *Stuttgart.*

10. **Beryll**, blau.
Mourne Mountains am Slieve Corra in Down, Irland . . . . . *Göttingen.*

11. **Beryll**, blau, walzenförmig.
Berg Adun-Tschilon bei Nertschinsk in Transbaikalien . . . . *Stuttgart.*

12. **Beryll**, hell gelblichgrün, vollkommen klar durchsichtig, Kante zwischen Prisma und Basis wie angefressen.
Borschtschowotschnoi bei Nertschinsk in Transbaikalien . . . . *Marburg.*

13. **Aquamarin**, geschliffen . . . . *Marburg.*

14. **Beryll** (Aquamarin). Prisma matt, Basis glänzend.
Berg Adun-Tschilon bei Nertschinsk in Transbaikalien . . . . *Stuttgart.*

1
2
3
4
5
6
7
8
9
10
11
12
13
14

TAFEL 41.

Diamant und Graphit.

No. Sammlung:

1. **Diamant**, wasserhelles Oktaëder. 0,25 gr schwer.
Cap . . . . *Marburg.*

2. **Diamant**, Oktaëder mit etwas rauhen, matten Flächen. 0,33 gr schwer.
Vaalfluss, Cap . . . . *Stuttgart.*

3. **Diamant**, vollkommen durchsichtiger, schwach gelblicher Kristall. Oktaëder mit gekerbten Kanten. 0,75 gr schwer.
Grube Phoenix, Kimberley . . . . *Stuttgart.*

4. **Diamant**, Oktaëder im Muttergestein.
Kimberley . . . . *Stuttgart.*

5. **Diamant**, durchsichtig, schwach gelblich. Rhombendodekaëder mit gekrümmten Flächen.
Kimberley . . . . *Stuttgart.*

6. **Diamant**, in Sinter. Seltenes altes Vorkommen.
Dry Diggings. Flussmine am Vaalfluss . . . . *Stuttgart.*

7. **Diamant**, kleiner Kristall im Muttergestein.
Minas geraes, Brasilien . . . . *Stuttgart.*

8. **Graphit**, blättrig.
Ceylon . . . . *Marburg.*

9. **Graphit**, faserig.
Ceylon . . . . *Marburg.*

1
2
4
5
7
3
6
8
9

TAFEL 60.

Feldspat I.

Gemeiner Feldspat (Orthoklas).

No. Sammlung:

1. **Feldspat,** rote einfache Kristalle mit Rauchquarz auf Ganggranit.
Lomnitz bei Hirschberg im Riesengebirge . . . . *Marburg.*

2. **Feldspat,** einfacher, nach der schiefen Achse *a* gestreckter Kristall mit anhaftendem dunklem Glimmer; aus Granit.
Ochsenkopf im Fichtelgebirge . . . . *Marburg.*

3. **Feldspat,** Karlsbader Zwilling; Zwillingsebene ist das Orthopinakoid, das die im Bild links liegende Kante beider Individuen abstumpfen würde.
Gunnison, Colorado . . . . *Seligmann.*

4. **Feldspat,** Karlsbader Zwilling.
Karlsbad . . . . *Nies.*

5. **Feldspat,** Karlsbader Zwilling. Die grosse vordere Fläche ist bei den Kristallen 3—5 das Klinopinakoid $\infty P \grave{\infty}$, die Flächen an den Seiten sind die des Vertikalprismas ∞P, die schmalen $\infty P \grave{3}$; an dem Ende tritt die Basis und die steile hintere Schiefendfläche $2 P \bar{\infty}$ auf, dazu wohl auch eine Pyramide (in 5).
Bärental, Titisee im Schwarzwald . . . . *Karlsruhe.*

6. **Feldspat,** Karlsbader Zwilling, mit weissem Albit regelmässig verwachsen, oben Flussspat; auf Granit.
Fuchsberge bei Striegau . . . . *Marburg.*

7. **Feldspat,** Karlsbader Zwilling, auf Gängen in Granit.
Otani-Yama bei Kioto, Provinz Omi, Japan . . . . *Marburg.*

8. **Feldspat,** Karlsbader Zwilling. Die Kristalle 6—8 sind wie die 3—5 Karlsbader Zwillinge, an denen aber statt der steilen Schiefendfläche $2 P \bar{\infty}$ die flachere $P \bar{\infty}$ vorhanden ist, die gegen die Hauptachse fast ebenso geneigt ist wie die Basis. Im Zwilling fallen daher diese beiden Flächen fast in eine Ebene, heben sich nur durch Glanz oder Farbe ein wenig voneinander ab (6, 7). In dem Kristall 8 ist die Basis weiss, die andere Schiefendfläche rot, die Zwillingsverwachsung hierdurch ungewöhnlich deutlich.
Baveno am Lago maggiore . . . . *Seligmann.*

9., 10. und 11. **Feldspat,** Bavenoer Zwillinge. Die Zwillingsgrenze verläuft über die stumpfen Kanten; Zwillingsebene ist das Klinodoma $2 P \grave{\infty}$, dessen Flächen die im Bild aufrechten, seitlichen Kanten abstumpfen würde.
Baveno . . . . *Göttingen* (9), *Marburg* (10), *Seligmann* (11).

12. **Feldspat,** Manebacher Zwilling auf Granit. Zwillingsebene ist die Basis. Auch der untere, liegende Kristall in Figur 8 ist ein Manebacher Zwilling.
Baveno . . . . *Giessen.*

1
2
3
4
5
6
7
8
9
10
11
12

TAFEL 5.

Gold und Platin.

No. Sammlung

1. **Goldkristall**, Würfel mit kleinen Oktaëderflächen.
Vöröspatak in Siebenbürgen . . . . *Marburg.*

2. **Goldkristall**, Würfel mit Oktaëder.
Mount Ararat, Cathcort, Kol. Viktoria, Australien . . . . *Giessen.*

3. **Goldkristall**, Rhombendodekaëder.
Goldfelder von Ballarat, 80 Meilen nordwestlich von Melbourne, Kolonie Viktoria . . . . *Stuttgart.*

4. **Goldblech** (unten, rechts) mit scharfer Umrandung und feiner dreieckiger Zeichnung auf der Oberfläche. Dasselbe ist in zweimaliger Vergrösserung in Figur 1a und b auf Tafel 7 abgebildet.
Vöröspatak in Siebenbürgen . . . . *Seligmann*

5. **Goldblech**, gekrümmt, ohne scharfe Umrandung, sonst wie 4.
Vöröspatak in Siebenbürgen . . . . *Stuttgart.*

6. **Waschgold**, zeigt Andeutung der dreieckigen Zeichnung wie die Goldbleche. 14,82 g.
Kalifornien . . . . *Göttingen.*

7. **Waschgold**, 10 g.
Kalifornien . . . . *Göttingen.*

8. **Waschgold** mit Quarz. Das Gold tritt wie als Bindemittel zwischen den Quarzkörnern auf (oder in rissigem Quarz?). In einzelnen Quarzkörnchen ist Gold auf feinsten Adern vorhanden. Die weiss gelassenen Stellen sind Löcher. 40 g.
Mexiko (Kalifornien?) . . . . *Karlsruhe*

9. **Gold**, blasig, zum Teil mit dünnem braunem Überzug. 63 g.
St. Antoine, Moravine, Surinam. Holländisch-Guyana . . . . . *Stuttgart.*

10. **Gold** in rissigem Quarz.
Aus den Goldfeldern von Sandhurst, Kolonie Viktoria, Australien . *Stuttgart.*

11. **Gold** mit Kiesgang in Quarztrachyt.
Vöröspatak in Siebenbürgen . . . . *Stuttgart.*

12. **Gold** in Quarz. Waschgold. 330 g.
Ural. Vermächtnis der Königin Olga . . . . *Stuttgart.*

13. **Gold** auf einer Ader in Quarz. Goldquarz.
Bigoak Mine, Toulumne Cty., Kalifornien . . . . *Stuttgart.*

14. **Gold**, drahtförmig auf Brauneisenstein.
Copiapó, Chile . . . . *Marburg.*

15. **Platin**, 54,3 g.
Ural . . . . *Marburg.*

16. **Platin**, 621 g.
Bjelaia Gora, Nischne Tagilsk, Ural . . . . *Stuttgart.*

1
15
5
6
8
10
7
9
2
3
12
13
11
16
4
14

TAFEL 47.

Granat.

No. Sammlung:

1. **Kaneelstein**, Rhombendodekaeder.
   Ceylon . . . . *Marburg.*
2. **Kaneelstein**, geschliffen . . . . *Marburg.*
3. **Granat**, mit schaligem Bau. Bruchflächen.
   Alatal . . . . *Marburg.*
4. **Kaneelstein** (Hessonit), kleine Kristalle mit Diopsid.
   Mussa-Alp im Alatal, Piemont . . . . *Marburg.*
5. **Grossular**, Rhombendodekaeder.
   Wilui, an der Mündung des Achtaragda in den Wiluifluss im Jakutsker Gebiet, Sibirien . . . . *Bonn.*
6. **Grossular**, Ikositetraeder.
   Wilui, wie No. 5 . . . . *Bonn.*
7. **Rosagranat**, Rhombendodekaeder.
   Rancho de San Juan, Mexiko . . . . *Giessen.*
8. **Granat**, braune Rhombendodekaeder mit weissem Wollastonit in blauem Kalkspat.
   Cziklowa in Ungarn . . . . *Bonn.*
9. **Melanit**, Rhombendodekaeder mit Ikositetraeder.
   Frascati im Albaner Gebirge bei Rom . . . . *Marburg.*
10. **Uwarowit**, Chromgranat, kleine Kristalle auf braunem Chromeisenstein.
    12 km von Hütte Bissersk bei Saranowskaja im nördlichen Ural . *Stuttgart.*
11. **Almandin**, Rhombendodekaeder.
    Granatenkopf bei Gurgl im Oetztal . . . . *Bonn.*
12. **Almandin**, aufgewachsene Kristalle, Ikositetraeder.
    Grönland . . . . *Stuttgart.*
13. **Almandin**, in Glimmerschiefer eingewachsen. Rhombendodekaeder mit Ikositetraeder.
    Fort Wrangel am Stickeen river, Alaska . . . . *Marburg.*

14a und b. **Almandin**, geschliffen . . . . *Marburg.*

15. **Granat**, gelbbraune Kristalle mit Kalkspat auf Magneteisen.
    Dognacska in Ungarn . . . . *Marburg.*
16. **Pyrop**, in Serpentin.
    Zoeblitz in Sachsen . . . . *Giessen.*
17. **Demantoid**, geschliffen . . . . *Marburg.*

1
2
7
8
3
4
6
17
5
9
13
10
12
14 a
14 b
15
16
11

TAFEL 29.

Eisenerze II.

No. Sammlung:

1. **Magneteisen,** Oktaëder in Chloritschiefer eingewachsen.
Pfitschtal in Tirol . . . . *Frankfurt.*

2. **Magneteisen,** Oktaëder mit Rhombendodekaëder.
Mineville, Essex Co., New York . . . . *Giessen.*

3. **Magneteisen,** verzerrtes Oktaëder, scheinbar Tetraëder mit Gegentetraëder
Moriah, Essex Co., New York . . . . *Seligmann.*

4. **Magneteisen,** nach einer Kante langgestrecktes Oktaëder.
Mineville, Essex Co., New York . . . . *Seligmann.*

5. **Magneteisen,** Oktaëder mit gekerbten Kanten.
Binnental im Wallis . . . . *Frankfurt.*

6. **Magneteisen,** Oktaëder mit Rhombendodekaëder. Die Flächen des Rhombendodekaëders sind Scheinflächen, aus kleinen Oktaëderchen aufgebaut.
Traversella in Piemont . . . . *Marburg.*

7. **Magneteisen,** Oktaëder mit Rhombendodekaëder und Würfel.
Sturathal bei Turin, Italienische Alpen . . . . *Seligmann.*

8. **Magneteisen,** Rhombendodekaëder mit Oktaëder.
Nordmark in Wermland, Schweden . . . . *Marburg.*

9. **Magneteisen,** Zwilling von Oktaëder nach einer Oktaëderfläche.
Pfitschtal in Tirol . . . . *Seligmann.*

10. **Eisenspat,** Rhomboëder auf Quarz.
Neudorf im Harz . . . . *Marburg.*

11. **Eisenspat,** Rhomboëder.
Dörell bei Lintorf in Hannover . . . . *Marburg.*

12. **Eisenspat,** Rhomboëder, oberflächlich in Brauneisenstein umgewandelt.
Viesch im Wallis . . . . *Giessen.*

13. **Sphärosiderit,** Kugeln auf Basalt.
Steinheim bei Hanau . . . . *Frankfurt.*

1
2
3
4
5
6
7
8
9
10
11
12
13

TAFEL 13.

Kupfererze III.

No.		Sammlung
1.	**Rotkupfererz**, matter Kristall, Rhombendodekaëder mit Oktaëder in Brauneisenstein. Kaisersteimel (auch Käuser Steimel) im Bezirk von Siegen . . .	*Göttingen.*
2.	**Rotkupfererz,** matte Kristalle, Oktaëder mit Würfel in Brauneisenstein. Liskeard in Cornwall	*Giessen.*
3.	**Rotkupfererz**, glänzender Würfel auf erdigem Brauneisenstein. Wheal Phönix in Cornwall	*Giessen.*
4.	**Rotkupfererz** in Malachit umgewandelt. Oktaëder mit Rhombendodekaëder. Chessy bei Lyon	*Göttingen.*
5.	**Malachit,** nierenförmig. Kupfergrube Gumeschev.sk bei Sissersk, Westabhang des Ural .	*Stuttgart.*
6.	**Malachit,** geschliffen. Kupfergrube Gumeschewsk bei Sissersk, Westabhang des Ural .	*Stuttgart.*
7.	**Malachit,** nierenförmig, auf dem Bruch faserig. Grube Mednorudjansk bei Nischne Tagilsk im Ural	*Stuttgart.*
8.	**Malachit**, radialfaserige Büschel in Brauneisenstein. Kupfergrube Gumeschewsk bei Sissersk, Westabhang des Ural .	*Bonn.*
9.	**Malachit,** Kugeln auf Brauneisenstein. Australien	*Frankfurt*
10.	**Malachit,** kleine Kugeln auf Brauneisenstein. Morenei, Arizona	*Marburg.*

1
2
3
4
5
6
7
8
9
10

TAFEL 58.

Opal und Chalcedon.

No. Sammlung:

1. **Halbopal** oder gemeiner Opal.
   Steinheim bei Hanau . . . . *Giessen.*

2. **Feueropal** auf Gestein.
   Cerro de villa secca bei Zimapan in Mexico . . . . *Stuttgart.*

3. **Holzopal,** durch Opal versteinertes Holz.
   Clever Creek, Lincoln Co., Idaho . . . . *Stuttgart.*

4. **Hyalith,** kleintraubig.
   Waltsch in Böhmen . . . . *Giessen.*

5. **Edelopal.**
   Czerwenitza in Ungarn . . . . *Stuttgart.*

6, 7. **Edelopal** in Brauneisenstein.
   Baracoo River in Queensland . . . . *Stuttgart (6) u. Marburg (7).*

8. **Edelopal.**
   Mexico . . . . *Giessen.*

9. **Chalcedon,** nierenförmig.
   Island . . . . *Marburg.*

10. **Chalcedon,** tropfsteinartig.
   Island . . . . *Marburg.*

1
2
3
4
5
6
7
8
9
10

TAFEL 42.

Korund.

No. — Sammlung:

1. **Korund,** blau, steile Pyramide mit grosser Basis.
   Miask im Ilmengebirge, Ural . . . . *Stuttgart.*
2. **Korund,** aussen blau, innen graubraun, tafelig nach der Basis.
   Miask im Ilmengebirge, Ural . . . . *Seligmann.*
3. **Korund,** blau. Hexagonales Prisma der zweiten Stellung mit Rhomboëder und Basis.
   Kischtim (richtig wohl Miask), Ural . . . . *Marburg.*
4. **Korund** mit Zonarstruktur.
   Novotagilsk (richtig wohl Miask) . . . . *Hamburg.*
5. **Korund,** blau, im Gestein.
   Miask im Ilmengebirge, Ural . . . . *Stuttgart.*
6. **Saphir** mit sehr steiler Pyramide der zweiten Stellung und der Basis.
   Ceylon . . . . *Seligmann.*
7. **Saphir,** Zwilling nach dem Rhomboëder R.
   Ceylon . . . . *Seligmann.*
8. **Saphir,** grünlichblau, geschliffen, 0,69 gr.
   Australien . . . . *Marburg.*
9. **Saphir,** blau, geschliffen, 0,46 gr . . . . *Marburg.*
10. **Rubin,** langprismatisch, Prisma der zweiten Stellung, Rhomboëder und Basis.
    Newton, New-Jersey . . . . *Seligmann.*
11. **Rubin,** steile Pyramide. 4,5 gr . . . . *H. Stern, Oberstein.*
12. **Rubin,** kurzprismatisch, sonst wie 10 begrenzt, nach vorn geneigt.
    Ceylon . . . . *Marburg.*
13. **Rubin,** dunkelrot, geschliffen, 0,2 gr . . . . *Marburg.*
14. **Rubin,** bräunlichrot, geschliffen, 0,355 gr.
    Siam (?) . . . . *Marburg.*
15. **Korund,** hellrot, rauh. Pyramide mit Basis.
    Lowns Co., Georgia . . . . *Seligmann.*
16. **Korund,** rötlich-grau, tafelig nach der Basis.
    Siam . . . . *Seligmann.*
17. **Korund,** rötlichbraun, Prisma mit Basis.
    Cullasaja, Nord-Carolina . . . . *Seligmann.*
18. **Korund,** gelber Saphir, Pyramide mit Basis.
    Indien . . . . *Marburg.*
19. **Gelber Saphir,** geschliffen, 1,235 gr . . . . *Giessen.*
20. **Korund,** dunkelbraun, Pyramide zweiter Stellung mit Rhomboëder und Basis.
    Chantabun, Siam . . . . *Seligmann.*
21. **Korund,** derb, mit Streifung.
    Macon Co., Nord-Carolina . . . . *Marburg.*

1
2
3
4
5
6
7
8
9
10
11
12
13
14
15
16
17
18
19
20
21

TAFEL 25.

Schwefel.

No. Sammlung:

1. **Schwefel,** grosse Pyramide P, matt, rissig, mit Asphalteinschlüssen.
   Romagna . . . . *Giessen.*
2. **Schwefel,** Pyramide mit Basis. $P \cdot oP$.
   Girgenti auf Sizilien . . . . *Giessen.*
3. **Schwefel,** kleiner, scharfer Kristall $P \cdot \frac{1}{3}P \cdot oP \cdot P\breve{\infty}$.
   Perticara in der Romagna . . . . *Marburg.*
4. **Schwefel,** Pyramide mit stumpferer Pyramide, Basis, Brachydoma und Brachypinakoid. $P \cdot \frac{1}{3}P \cdot oP \cdot P\breve{\infty} \cdot \infty P\breve{\infty}$.
   Perticara in Romagna . . . . *Marburg.*
5. **Schwefel,** Pyramide mit stumpfer Pyramide und Basis. $P \cdot \frac{1}{3}P \cdot oP$. Der einspringende Winkel auf der rechten Seite ist eine Folge von Parallelverwachsung.
   Leonforte auf Sizilien . . . . *Göttingen.*
6. **Schwefel,** Pyramide mit stumpferer Pyramide, drusiger Basis und breitem Brachydoma. $P \cdot \frac{1}{3}P \cdot oP \cdot P\breve{\infty}$. Der Kristall ist so gestellt, dass das Doma, das sonst (Fig. 3 und 4) an der Seite liegt, nach vorne gewendet ist, es ist hier ungewöhnlich breit.
   Girgenti auf Sizilien . . . . *Karlsruhe.*
7. **Schwefel,** bernsteingelb mit Asphalt, mehrere Kristalle ($P \cdot \frac{1}{3}P \cdot oP \cdot P\breve{\infty}$) sind parallel miteinander verwachsen.
   Perticara in der Romagna . . . . *Giessen.*
8. **Schwefel,** Kristallgruppe, die Kristalle sind wie der in Figur 4 abgebildete begrenzt.
   Roccalmuto auf Sizilien . . . . *Giessen.*
9. **Schwefel,** aufgewachsene Kristalle mit Kalkspat.
   Girgenti auf Sizilien . . . . *Bonn.*
10. **Schwefel,** derb in Gyps.
    Weenzen bei Lauenstein in Hannover . . . . *Giessen.*
11. **Schwefel,** derb, Bruchstück einer durch Bitumen braun gefärbten Knolle.
    Radoboj in Kroatien . . . . *Giessen.*
12. **Schwefel,** erdig. Absatz heisser Quellen.
    Island . . . . *Marburg.*

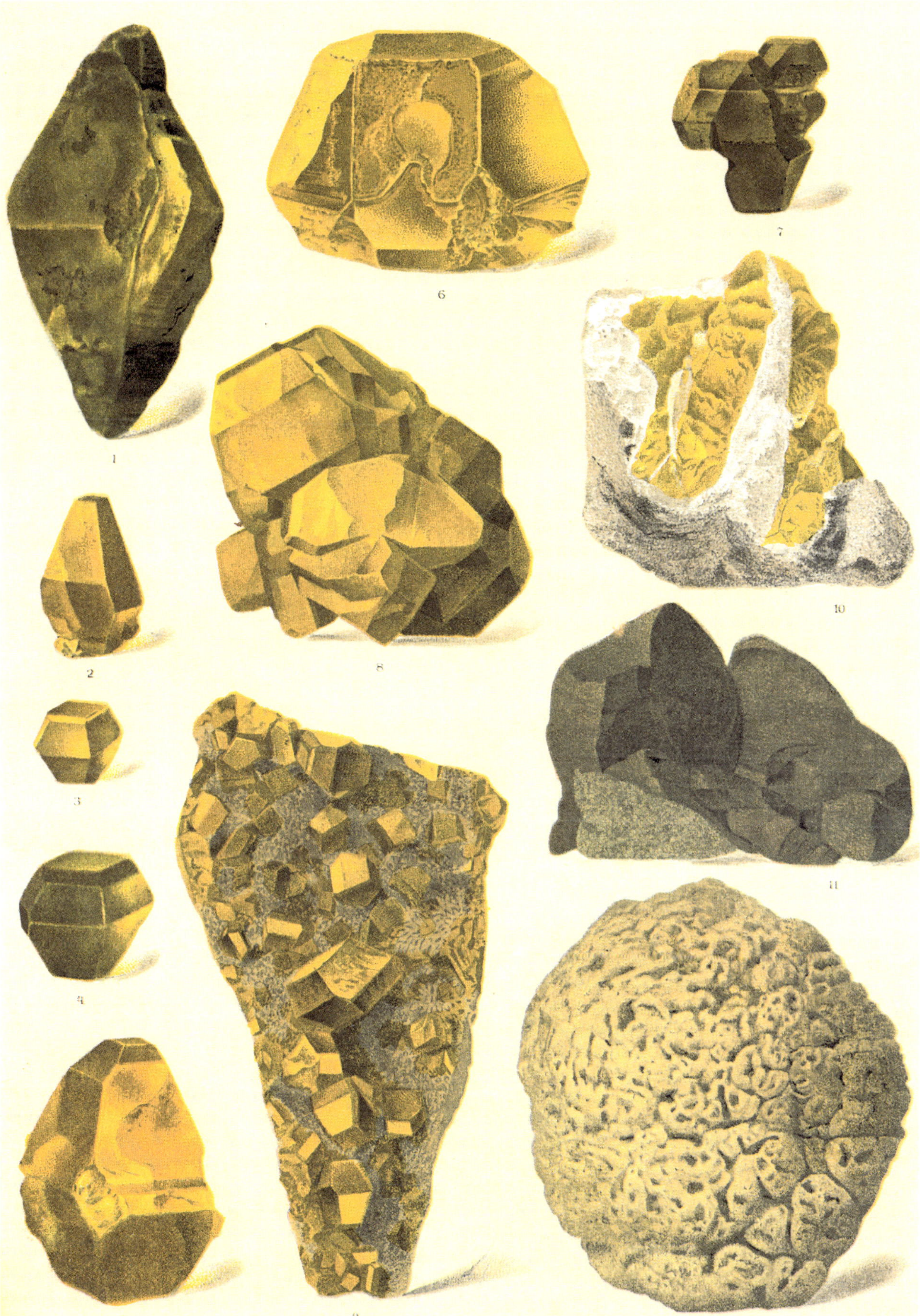

1
2
3
4
5
6
7
8
9
10
11
12

TAFEL 46.

Topas.

No. Sammlung:

1. **Topas,** hellgelb mit grosser Basis, Pyramiden, Brachydoma und Vertikalprismen.
   Schneckenstein bei Auerbach in Sachsen . . . . *Marburg.*
2. **Topas,** hellgelb mit Basis, 2 Brachydomen, Pyramiden und Prismen.
   Schneckenstein bei Auerbach in Sachsen . . . . *Marburg.*
3. **Topas,** hellgelb mit Quarz aufgewachsen auf Topasfels; rechts Steinmark.
   Schneckenstein bei Auerbach in Sachsen . . . . *Dresden.*
4. **Topas** licht grünlichblau, mit grossem Brachydoma, die obere Kante wie angefressen.
   Umgebung des Flusses Urulga, im Gebiete Nertschinsk in Transbaikalien . . . . *Stuttgart.*
5. **Topas** farblos, durchsichtig mit Rauchquarz.
   Makrushiberg bei Alabaschka unweit von Mursinka im Ural . . *Marburg.*
6. **Topas** hell grünlichblau mit einem grossen Brachydoma und matter Basis.
   Makrushiberg bei Alabaschka unweit von Mursinka im Ural . . *Göttingen.*
7. **Topas,** blau mit Feldspat.
   Mursinka im Ural. Aus Bauers Edelsteinkunde entnommen.
8. a. u. b. **Topas,** rosa-violett, a mit Pyramide an dem Ende, b nach der Basis abgespalten.
   Goldseifen der Umgegend des Flusses Sánárka, Gouvernement Orenburg . . . . *Stuttgart.*
9. **Rosatopas,** langer rissiger Kristall mit drussiger Pyramide als Endbegrenzung.
   Minas Geraes, Brasilien . . . . *Marburg.*
10. **Topas,** dunkelgelb, rissig mit Pyramide als Endbegrenzung.
    Minas Geraes, Brasilien . . . . *Marburg.*
11. **Topas,** Druse mit weissen, trüben Topaskristallen, braunem Quarz und einem überkrusteten Beryll.
    Adun-Tschilon im Gebiete von Nertschinsk, Transbaikalien . . . *Stuttgart.*
12. **Topas,** bräunlicher Kristall, an beiden Enden ausgebildet im Gestein.
    Nathrop in Colorado . . . . *Marburg.*
13. **Topas,** geschliffen . . . . *Marburg.*
14. **Rosatopas,** geschliffen . . . . *Marburg.*

1
2
3
4
5
6
7
8 b
8 a
13
14
9
10
11
12